세 마리 토끼 잡는 초등 한국사

[4권] 조선 전기

NE 능률

이 책을 쓴 분들

강영주(지에밥 창작연구소 대표, 〈세 마리 토끼 잡는 독서 논술, 초등 독해〉 기획 및 집필)
김경선(작가, 〈세 마리 토끼 잡는 독서 논술, 초등 독해〉 집필)
한화주(작가, 〈세 마리 토끼 잡는 독서 논술, 초등 독해〉 집필)
한현주(작가, 〈세 마리 토끼 잡는 독서 논술, 초등 독해〉 집필)
박지영(작가, 〈세 마리 토끼 잡는 초등 독해〉 기획 및 편집)

이 책을 감수한 선생님들

김명수(용인 모현초등학교)
한희란(용인 양지초등학교)
양준호(수원 광교초등학교)

이 책을 만든 분들

박지영(기획 편집자), 이국진(기획 편집자),
최영은(기획 편집자), 강영주(기획 편집자)

세 마리 토끼 잡는 초등 한국사

4권 조선 전기

1판 4쇄 2022년 2월 25일 | **펴낸이** 주민홍
총괄 김진홍 | **기획 및 편집** 지에밥 창작연구소 | **연구원** 김지연, 이자원, 박수희 | **펴낸곳** ㈜NE능률 | **디자인** 장현순 | **그림** 우지현, 유남영, 김정진, 이형진, 윤유리, 이혁, 김석류 | **영업** 한기영, 이경구, 박인규, 정철교, 김남준, 김남형, 이우현 | **마케팅** 박혜선, 고유진, 김여진 | **주소** 서울특별시 마포구 월드컵북로 396(상암동) 누리꿈스퀘어 비즈니스타워 10층 (우편번호 03925) | **전화** (02)2014-7114 | **팩스** (02)3142-0356 | **홈페이지** www.nebooks.co.kr | **ISBN** 979-11-253-3524-5

제조년월 2022년 2월 제조사명 ㈜NE능률 제조국 대한민국 사용연령 7~11세

〈세 마리 토끼 잡는 초등 한국사〉를 펴내며

하루하루 실력이 성장하는 역사의 주인공이 되세요!

아이가 자라면 가족과 친구를 벗어나 사회 문제에 관심을 갖기 시작합니다.

그러다가 어느 날 문득 뜻밖의 질문을 합니다.

"우리나라를 처음 세운 사람이 누구예요?"

"옛날에는 왜 남자도 머리를 길렀어요?"

"이순신 장군은 어떻게 배 13척으로 일본군을 무찔렀어요?"

역사에 대한 호기심이 생긴 것이지요. 그렇다면 이제 아이가 역사를 공부하기에 좋은 때가 된 것입니다. 역사를 공부한다는 것은 지금까지 경험한 세계를 뛰어넘어 시공간이 다른 사건과 인물을 만나는 일이기 때문이지요.

역사는 '과거와 현재의 대화'라고 합니다. 과거의 기록인 역사가 현재를 사는 우리에게 많은 교훈과 해법을 제공해 주기 때문입니다.

우리 민족은 세계 최초로 금속 활자를 발명했고, 한글이라는 훌륭한 문자를 가지고 있습니다. 또한, 『팔만대장경』과 『조선왕조실록』이라는 뛰어난 역사 기록물들을 소중히 보존하고 있습니다. 그러므로 이제 막 역사에 관심을 갖기 시작한 아이에게 우리 역사의 소중함을 깨닫게 하고, 역사를 제대로 이해할 수 있도록 하는 일은 무엇보다 중요합니다.

〈세 마리 토끼 잡는 초등 한국사〉는 이와 같은 점을 고려하여 기획하고 구성하였습니다.

첫째, 역사 이야기를 재미있게 읽으며 교훈을 얻게 한다.

둘째, 정확한 자료를 바탕으로 역사 지식을 키우고 실력을 확인하게 한다.

셋째, 한국사를 중심으로 세계사를 이해하며 폭넓은 역사관을 갖게 한다.

〈세 마리 토끼 잡는 초등 한국사〉는 이와 같은 기획을 완성하기 위해 최고의 기획진과 작가진들이 내용을 구성하고, 현장의 선생님들이 한 자 한 자 감수해 주셨습니다. 모쪼록 이 책으로 아이가 하루하루 실력을 쌓으며 새롭게 펼쳐질 역사의 주인공이 되기를 기대합니다.

세 마리 토끼 잡는 초등 한국사란?

어떤 책인가요?

〈세 마리 토끼 잡는 초등 한국사〉는 역사에 대한 호기심을 재미있는 역사 이야기로 풀면서 배경지식을 쌓고 다양한 문제로 실력을 키울 수 있는 책입니다.

몇 권으로 구성했나요?

〈세 마리 토끼 잡는 초등 한국사〉는 한국사를 시대별로 총 6권으로 나누어 실었습니다.

단계	1권	2권	3권	4권	5권	6권
대상 학년	전 학년	전 학년	전 학년	전 학년	전 학년	전 학년
시기	선사 시대~ 삼국 시대	삼국 통일~ 남북국 시대	고려 시대	조선 전기	조선 후기	대한 제국~ 대한민국
권수	1권	1권	1권	1권	1권	1권

세 마리 토끼란?

'한국사, 세계사, 기출 문제'를 말합니다. 한국사를 중심으로 사건을 살피고 이것을 세계사에 연결시켜 자주 출제되는 문제로 확인하는 과정에서 통합적으로 역사를 이해할 수 있습니다.

한국사
- 재미있는 이야기를 읽으며 한국사를 이해함.
- 한국사 지식을 정확한 역사 정보로 살펴보고, 핵심 문제로 확인함.

세계사
- 한국사의 주요 사건을 세계사와 연결시켜 통합적으로 이해함.
- 한국사의 흐름을 세계사의 흐름 속에서 폭넓게 이해함.

기출 문제
- 한국사를 초등 교육 과정과 연결하여 학교 공부에 도움을 줌.
- 한국사 실력을 키워 학교 시험, 한국사능력검정시험 등에 대비함.

하루에 세 장씩 학습하면 한 달 안에 역사가 한눈에 쏘옥!

세 마리 토끼 잡는 초등 한국사는 이런 점이 다릅니다

● 한국사를 초등 교과와 긴밀하게 연결했습니다.

한국사의 흐름을 〈초등 사회 5-2, 6-1〉 교과 내용과 연결 지어 각 권을 구분하고, 주요 사건을 교과 주제에 연결하였습니다.

● 한 권 안에 통합 교과적 내용을 수록했습니다.

시대별 한국사를 정치, 경제, 사회, 문화 등 다양한 영역으로 구성하고, 왕권 위주의 역사가 아닌, 사회 흐름 변화사로 구성해서 통합 교과적 사고 능력을 키울 수 있도록 하였습니다.

● 역사적 사실을 바탕으로 역사 이야기를 구성했습니다.

이야기의 재미를 위해 불분명한 역사적 사실로 재구성하는 것을 지양하고, 주요 사건을 역사적 사실을 바탕으로 풀어 흥미롭게 구성했습니다.

● 검증된 자료로 정리하고 다양한 문제로 확인하도록 했습니다.

역사 이야기에서 다룬 내용을 출처가 명확한 역사 정보로 정리했고, 학교 시험이나 한국사능력검정시험에 도움이 되는 다양한 문제를 수록하여 실력을 쌓을 수 있도록 구성했습니다.

● 한국사와 관련된 세계사를 한눈에 볼 수 있도록 했습니다.

한국사의 주요 사건이 있었던 때의 세계사나 한국사와 비슷한 일이 있었던 세계사 등 한국사를 폭넓은 관점에서 살필 수 있도록 정리했습니다.

● 다양한 시각 자료를 수록하여 역사에 현장감을 주었습니다.

역사 이야기의 재미와 배경지식의 이해를 도울 수 있는 그림, 사진, 지도 등을 실어 읽는 이가 역사 안에 있는 것 같은 느낌을 줄 수 있도록 구성하였습니다.

세 마리 토끼 잡는 초등 한국사는 이렇게 구성되었습니다

파트 소개

파트별(주차별) 학습 내용

한 주 학습을 하기 전에 공부할 내용을 한눈에 볼 수 있도록 내용을 간단히 정리했습니다.

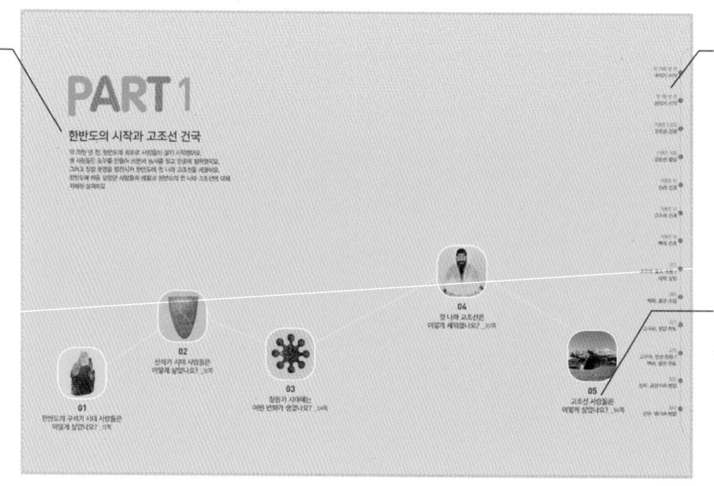

권별 연표

한 권에 수록된 시대의 주요 사건을 연도 순으로 정리했습니다.

일차 제목

하루 학습에서 알아볼 내용을 시각 자료를 통해 먼저 살펴보도록 했습니다.

이야기 속으로 1

이야기

역사적 사실을 바탕으로 한 재미있는 역사 이야기와 그림을 실었습니다.

역사 돋보기

이야기에서 중요하거나 자세히 알아볼 내용을 검증된 역사적 사실과 사진을 통해 설명했습니다.

시대 연표

이야기가 일어난 시대가 언제인지 한국사 연표에서 확인할 수 있습니다.

낱말 풀이

이야기에서 역사 용어나 어려운 낱말을 그때그때 찾아보도록 자세히 풀이했습니다.

공부하기 전에
자세히 읽고 학습 효과를
높이세요!

이야기 속으로 2

시각 자료

역사 이야기를 이해하는 데 도움이 되는 사진, 그림, 지도 등을 실었습니다.

반짝 퀴즈

이야기에서 꼭 필요한 지식과 정보를 빈칸 넣기 문제를 풀면서 살펴볼 수 있도록 구성했습니다.

핵심 개념 정리

본문에서 배운 역사 이야기의 주요 내용을 〈초등 사회〉 교과서의 내용을 토대로 정리하였습니다.

역사 쏙쏙

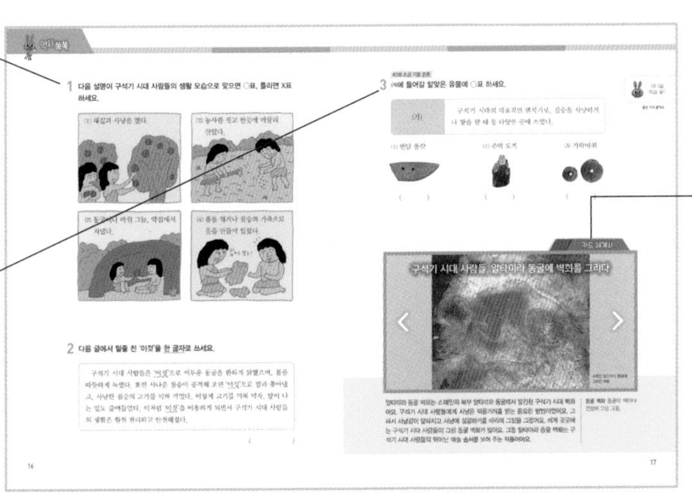

교과 문제

한국사 주요 문제나 〈초등 사회〉 교과에서 자주 출제되는 학습 문제를 실었습니다.

실력 문제

한국사능력검정시험에서 자주 출제되는 기출 문제를 응용하여 실었습니다.

카드 세계사

한국사의 주요 사건이 있었던 때에 벌어진 세계사 속 사건이나 한국사와 비슷한 일이 일어났던 세계사를 간단한 카드 형식으로 정리하였습니다.

세 마리 토끼 잡는 초등 한국사의 커리큘럼

1권 선사 시대~ 삼국 시대	1	한반도의 시작과 고조선 건국	구석기 시대의 생활/신석기 시대의 생활/청동기 시대의 생활/고조선 건국/고조선 사람들의 생활
	2	철기 문화와 고조선 이후의 여러 나라	철기 문화와 고조선의 발전/고조선의 멸망/부여와 고구려/옥저와 동예 그리고 삼한/고구려와 백제, 신라 그리고 가야의 건국
	3	삼국과 가야의 발전	백제의 성장과 발전/고구려의 성장과 발전/신라의 성장과 발전/가야의 발전과 멸망/삼국의 불교 수용
	4	삼국과 가야의 사회와 문화	삼국 시대 신분에 따른 생활 모습/백제의 문화유산과 문화의 특징/고구려의 문화유산과 문화의 특징/신라와 가야의 문화유산과 문화의 특징/삼국과 가야의 대외 교류
2권 삼국 통일~ 남북국 시대	1	고구려의 대외 항쟁과 신라의 삼국 통일	수의 고구려 침입과 살수 대첩/당의 고구려 침입과 안시성 싸움/신라·당의 동맹과 백제의 멸망/고구려의 멸망/나당 전쟁과 신라의 삼국 통일
	2	발해의 건국과 남북국 시대	통일 신라의 발전/발해의 건국/발해의 발전/장보고의 활약/신라의 신분 제도
	3	통일 신라와 발해의 사회·문화	통일 신라와 발해의 대외 교류/통일 신라의 불교/통일 신라와 발해의 생활 모습/통일 신라의 문화유산과 문화의 특징/발해의 문화유산과 문화의 특징
	4	통일 신라의 멸망과 후삼국 통일	신라 말의 사회와 호족의 등장/후삼국의 성립/고려의 건국/후백제와 고려의 전투/고려의 후삼국 통일
3권 고려 시대	1	고려의 건국과 기틀 마련	고려 건국과 후삼국 통일/태조 왕건의 정책/고려 광종·경종의 왕권 강화/신분제와 여성의 지위/고려 성종의 유교 정치
	2	고려의 문화와 사회적 변동	불교의 발전/문벌 귀족과 이자겸의 난/귀족 문화의 발전/무신 정변과 무신 정권의 성립/무신 정권기 농민과 천민의 저항
	3	외적의 침입과 고려의 대응	거란의 침입과 고려의 대응/여진족의 침입과 별무반의 설치/몽골의 침략/몽골로부터 나라를 지키기 위한 노력/원의 간섭과 공민왕의 개혁
	4	고려의 대외 관계와 기술의 발달	국제도시 벽란도와 개경/고려의 대외 관계/화약 개발과 목화 재배/인쇄술의 발달과 역사책의 편찬/불교의 발전과 생활에 미친 영향

권	차례	제목	내용
4권 조선 전기	1	조선의 건국과 기틀 마련	이성계와 조선 건국/조선의 도읍이 된 한양/정도전과 이방원의 꿈/태종과 왕권 강화/조선의 교육 기관과 과거 제도
	2	조선의 문화와 과학의 발전	백성을 위한 정치를 펼친 세종/세종과 훈민정음 창제/세종 때 학문 연구와 국방/세종 때 과학 기술의 발전/『경국대전』의 완성과 사회 변화
	3	유교 전통과 신분 질서	조선의 유교 사상과 서원의 발달/삼강오륜과 관혼상제의 실천/조선 시대 신분 제도/조선 시대 여성의 생활/조선 시대 여가 생활
	4	임진왜란과 병자호란	조선의 대외 정책과 임진왜란/일본군의 침입과 이순신의 승리/나라를 지킨 의병과 임진왜란의 피해/광해군과 중립 외교/정묘호란과 병자호란
5권 조선 후기	1	조선 후기 새로운 사회의 움직임	조선 후기 전란 극복의 노력/붕당 정치와 탕평책 실시/정조의 개혁 정치/서학의 전래와 영향/실학의 발달과 실학자의 등장
	2	조선 후기의 사회와 문화	조선 후기 상업의 발달/조선의 생활용품과 수공업 · 광업의 발달/신분 제도와 여성 지위의 변화/민화· 진경산수화 · 풍속화/한글 소설·사설시조·탈놀이 · 판소리
	3	세도 정치와 흥선 대원군의 개혁	조선 후기 세도 정치의 시작/세도 정치 시기 삼정의 문란/세도 정치 시기 농민의 저항/조선 후기 천주교와 동학의 전파/흥선 대원군의 개혁 정치
	4	외세의 침입과 조선 사회의 변동	서양 세력의 침략과 조선의 대응/강화도 조약 체결과 조선의 개항/개화 정책의 추진과 임오군란/갑신정변의 과정과 실패 원인/동학 농민 운동과 갑오개혁
6권 대한 제국~ 대한민국	1	대한 제국과 일제의 침략	을미사변과 아관 파천/독립 협회의 활동과 대한 제국의 선포/을사늑약과 민족의 저항/헤이그 특사와 일제의 국권 침탈/나라를 구하기 위한 항일 의병의 노력
	2	나라를 구하기 위한 노력	애국 계몽 운동/안중근 의거/일제의 무단 통치와 독립운동가들의 국외 활동/3·1 운동의 전개와 결과/나라를 되찾으려는 대한민국 임시 정부의 노력
	3	광복과 대한민국 정부 수립	일제의 문화 통치와 우리 민족의 저항/민족 말살 통치와 나라를 되찾으려는 노력/8·15 광복/한반도 분단과 대한민국 정부 수립/6·25 전쟁
	4	대한민국의 민주주의와 경제 발전	4·19 혁명과 5·16 군사 정변/5·18 민주화 운동과 6월 민주 항쟁/대한민국의 경제 성장/평화 통일을 위한 노력/대한민국의 사회 변화와 해결 과제

세 마리 토끼 잡는 초등 한국사 이렇게 공부하세요

1 매일매일 꾸준히 공부해요.

〈세 마리 토끼 잡는 초등 한국사〉는 매일 6쪽씩 꾸준히 공부하는 책이에요. 역사 이야기를 재미있게 읽으면서 역사적 사실을 이해하고, 실전 문제를 풀면서 실력을 확인할 수 있습니다. 공부가 끝나면 '○주 ○일 학습 끝!' 붙임 딱지를 붙여 보세요.

2 이야기에 나오는 내용을 교과서에서 찾아보아요.

하루 공부를 마치고 나면, 역사 이야기와 정리 내용을 교과서에서 찾아보세요. 역사 이야기를 재미있게 읽고 한국사를 정리하면 〈초등 사회〉 교과서의 내용을 저절로 이해할 수 있습니다.

3 더 알고 싶은 내용을 인터넷이나 다양한 책에서 찾아보아요.

본문에서 나온 내용을 더 알고 싶다면 역사 고전이나 역사 인물 이야기 등 관련된 읽을거리를 찾아 읽어 보세요. 한국사뿐 아니라 다양한 영역의 배경지식을 쌓을 수 있습니다.

재미있는 역사 이야기를
읽고 역사 지식을 쌓아서
역사 능력자가 되어 보세요!

한 주 학습표

월	화	수	목	금	토
매일 6쪽씩 학습하고, '○주 ○일 학습 끝!' 붙임 딱지 붙이기					주요 내용 복습하기

세 마리 토끼 잡는

초등 한국사

4권 조선 전기

주	일차	유형	역사 주제	
			한국사	세계사
1주	1	PART 1 조선의 건국과 기틀 마련	이성계와 조선 건국	영국의 농민 봉기
	2		조선의 도읍이 된 한양	은행의 등장
	3		정도전과 이방원의 꿈	티무르의 제국 건설
	4		태종과 왕권 강화	명의 『대명률』 시행
	5		조선의 교육 기관과 과거 제도	정화의 대항해
2주	6	PART 2 조선의 문화와 과학의 발전	백성을 위한 정치를 펼친 세종	엔히크의 대항해 시대
	7		세종과 훈민정음 창제	레오나르도 다빈치의 학문 탐구
	8		세종 때 학문 연구와 국방	구텐베르크와 인쇄술의 발전
	9		세종 때 과학 기술의 발전	유럽 화가들의 원근법 사용
	10		『경국대전』의 완성과 사회 변화	영국의 장미 전쟁 종결
3주	11	PART 3 유교 전통과 신분 질서	조선의 유교 사상과 서원의 발달	유럽의 르네상스 시작
	12		삼강오륜과 관혼상제의 실천	콜럼버스의 신대륙 발견
	13		조선 시대 신분 제도	포르투갈의 노예 무역
	14		조선 시대 여성의 생활	잔 다르크의 백 년 전쟁 활약
	15		조선 시대 여가 생활	비트만의 수학 기호 사용
4주	16	PART 4 임진왜란과 병자호란	조선의 대외 정책과 임진왜란	일본의 서양 문물 수용
	17		일본군의 침입과 이순신의 승리	영국 무적함대 등장
	18		나라를 지킨 의병과 임진왜란의 피해	마테오 리치의 「곤여만국전도」 완성
	19		광해군과 중립 외교	청의 중국 통일
	20		정묘호란과 병자호란	유럽의 베스트팔렌 조약 체결

PART 1

조선의 건국과 기틀 마련

조선은 고려 말의 혼란 속에서 부패한 권력을 몰아내고
새로운 세상을 바라며 탄생했어요. 왕과 신하들은 유교적 기틀 아래
한양을 새 도읍으로 정하고 제도를 새롭게 마련했어요.
조선의 건국과 제도 정비가 어떻게 이루어졌는지 살펴봐요.

02
조선의 도읍, 한양은
어떤 곳인가요? _18쪽

03
정도전과 이방원은
어떤 나라를 꿈꿨나요? _24쪽

01
조선은 누가
건국했나요? _12쪽

1388
위화도 회군

1392
조선 건국

1418
세종 즉위

1429
『농사직설』 편찬

1441
측우기 제작

1446
훈민정음 반포

1485
『경국대전』 시행

1543
백운동 서원 설립

1592
임진왜란

1597
명량 대첩

1610
『동의보감』 완성

1636
병자호란

1649
효종 즉위

04
태종은 어떻게 왕권을
강하게 만들었나요? _30쪽

05
성균관은 무엇을
하던 곳인가요? _36쪽

조선은 누가 건국했나요?

공부한 날짜: 월 일

신진 사대부와 성리학
신진 사대부는 고려 말에 유학을 공부하고 과거 시험으로 관리가 된, 새로운 정치 세력이에요. 이들은 덕을 쌓은 왕과 신하가 어질게 백성을 다스리는 왕도 정치를 꿈꾸며 세력을 키웠어요.
유학이란 중국의 춘추 전국 시대 공자로부터 시작된 유교를 공부하는 학문을 말해요. 유교는 부모와 조상을 받들고, 왕에게 충성하라는 가르침을 종교처럼 따르는 것이에요. 성리학은 유학의 한 종류로, 고려 말에 들어와서 조선의 통치 이념이 되었어요.

권문세족 고려 시대 원과 가까이하여 대대로 높은 벼슬과 세력을 얻은 집안.
신흥 무인 세력 고려 말 혼란을 정리하며 새롭게 등장한 무인 세력.

신진 사대부와 신흥 무인 세력이 등장하다

공민왕의 개혁이 실패하고 고려는 더욱 혼란에 빠지게 되었어요. 원의 세력이 약해지고 중국에 명이 들어서자 고려의 관리들은 원에 가까운 세력과 명에 가까운 세력으로 나뉘어 세력 다툼을 했어요. 밖으로는 홍건적과 왜구가 쳐들어와 막아 내느라 힘겨웠지요. 이런 상황에도 권문세족들은 백성을 돌보기는커녕 자기 재산을 불리는 데에만 관심이 있었어요.

"아이고, 매일 열심히 일해도 살기는 점점 어려워지는구나."

"희망이 보이지 않으니 정말 괴롭군."

백성들은 갈수록 어려워지는 생활에 한숨지었어요.

이때 새롭게 등장한 세력이 있었어요. 바로 신진 사대부와 신흥 무인 세력이에요. 신진 사대부는 유교를 공부하여 유교 정치를 펼치려는 세력이었어요. 그리고 신흥 무인 세력은 홍건적과 왜구의 침입을 막은 일로 백성들의 지지를 얻어 세력이 커지고 있었지요.

신진 사대부 중 일부는 부와 권력만 노리는 권문세족의 잘못된 정치를 바꿔야 한다고 생각했어요.

그러던 중 신진 사대부 정도전이 많은 군대를 이끄는 신흥 무인 세력 이성계를 만났어요.

"이성계 장군, 우리 힘을 모아 봅시다."

두 사람이 힘을 합쳐 고려를 바꿔 보기로 한 것이지요. 그런데 그즈음 이성계에게 북쪽 요동 지역을 공격하여 명의 세력을 꺾으라는 왕의 명령이 떨어졌어요. 이성계는 요동 지역을 공격해서는 안 된다고 주장했지만, 왕은 명령을 거두지 않았어요. 하는 수 없이 이성계는 군대를 이끌고 요동으로 향했어요. 하지만 이성계는 요동까지 가지 않았어요.

"군사들이여! 여기에서 방향을 돌린다!"

"장군, 여기는 위화도입니다. 요동으로 가려면 아직 멀었는데요?"

"우리는 개경으로 간다!"

요동 중국 요하의 동쪽 지방으로, 지금의 랴오닝성 동남부를 말함.
위화도 압록강 하류, 평안북도 의주군에 있는 섬.

Q1 반짝퀴즈

고려 말 신진 □□□와/과 신흥 무인 세력이 새롭게 등장했다.

이성계가 역성 혁명을 한 까닭
이성계의 조선 건국을 '역성 혁명'이라고 부르기도 해요. 이것은 왕조의 성씨를 바꾼 혁명이라는 뜻이에요.
이성계는 처음 왕이 될 때 공양왕에게 왕위를 물려받는 방식을 택했어요. 고려의 충신 정몽주 암살로 반발할 수 있는 반대 세력의 눈치를 본 것이지요. 이성계는 왕씨 왕조에서 이씨 왕조가 되었으니, 이것은 그저 왕의 성씨만 바뀐 것이라며 반대 세력을 설득하려 했던 것이에요.

고려의 충신 정몽주

과전법 고려 공양왕 때 권문세족의 대토지 소유로 어려워진 국가 재정 문제를 해결하기 위해 이성계와 신진 사대부들이 실시한 토지 제도.

이성계, 군대를 돌려 조선을 건국하다

이성계는 왕의 명령을 어기고 군대를 돌려 개경의 궁궐을 차지했는데, 이것을 '위화도 회군'이라고 해요.

위화도 회군

위화도 회군 이후 이성계는 우왕을 폐위시키고 정권을 잡았어요. 그 뒤 이성계는 고려를 개혁하겠다며 백성들을 괴롭혔던 토지 제도를 '과전법'으로 바꿨어요. 권문세족이 차지한 토지를 모두 거두어들여서 관리에게 나눠 주고 정해진 세금을 걷게 한 것이지요. 하지만 나라는 좀처럼 안정되지 않았어요.

"고려는 이제 희망이 없어요. 새로운 나라를 세워 더 좋은 나라를 만들어야 합니다."

"고려 왕조를 무너뜨리겠다는 거요? 그건 옳지 않아요. 고려 왕조 안에서 개혁을 하여 잘못을 바로잡읍시다."

신진 사대부들은 모두 더 좋은 나라를 만들자고 했지만 그 방법에 대한 생각은 서로 달랐어요. 새로운 나라를 세우자는 조선 개국파와 고려 왕조 안에서 잘못을 고치자는 고려 개혁파로 나뉜 것이지요.

조선 개국파에는 이성계를 앞세운 정도전, 조준 등이 있었고, 고려 개혁파에는 이색, 길재, 정몽주 등이 있었어요.

그러던 어느 날, 이성계의 아들 이방원이 고려 개혁파인 정몽주를 만났어요.

"이런들 어떠하리, 저런들 어떠하리. 대감, 새로운 왕조와 함께 하시지요."

태조 이성계

일편단심 一(한 일), 片(조각 편), 丹(붉을 단), 心(마음 심)이 합쳐진 말로, 진심에서 우러나오는 변치 아니하는 마음을 이르는 말.

태조 한 왕조를 세운 첫째 임금을 이르는 말.

"이 몸이 죽고 죽어도 나는 고려에 일편단심일세."

마음을 바꾸지 않겠다는 정몽주를 이방원은 부하를 시켜 죽이고 말았어요. 반대 세력을 없애고 새로운 나라를 세울 준비를 한 것이지요. 결국 이성계는 자신이 세운 공양왕을 밀어내고 왕이 되었어요. 이성계는 왕의 성씨만 바뀌었을 뿐 고려는 그대로 있다고 말하고, 고려의 신하들도 그대로 두었지요.

하지만 1392년, 결국 고려는 사라지고 새로운 나라가 건국되었어요. 이성계는 새로운 나라의 이름을 '조선'이라 하고, 조선의 첫 번째 왕 태조가 되었답니다.

Q2 반짝퀴즈

고려의 장수였던 이성계가 □□을/를 건국하였다.

이성계와 조선 건국

- 고려 말의 혼란 속에서 신진 사대부와 신흥 무인 세력이 등장했다.
- 신진 사대부 정도전과 신흥 무인 세력 이성계가 힘을 합쳐 고려를 바꾸기로 했다.
- 이성계는 위화도 회군으로 개경을 점령한 뒤 정권을 잡았다(1388년).
- 고려를 개혁하고자 했던 신진 사대부는 조선 개국파와 고려 개혁파로 나뉘었다.
- 이성계는 과전법을 실시한 후 고려 개혁파를 누르고 왕이 되어 '조선'을 건국했다(1392년).

1 다음 인물에 대해 잘못 설명한 것은 어느 것입니까? (　　　　)

태조 이성계

① 고려의 신진 사대부였다.
② 고려 말 신흥 무인 세력이었다.
③ 정도전과 함께 개혁을 해 나갔다.
④ 큰 군사를 거느린 고려의 장수였다.
⑤ 조선을 건국한 조선의 첫 번째 왕이다.

2 ㈎에 들어갈 사건의 이름은 어느 것입니까? (　　　　)

① 귀주 대첩　② 왜구의 침입　③ 거란의 침입
④ 위화도 회군　⑤ 홍건적의 침입

46회 기출 응용

3 **이성계가 한 일로, (가)에 들어갈 사건은 무엇입니까? (   )**

붙임 딱지 붙여요.

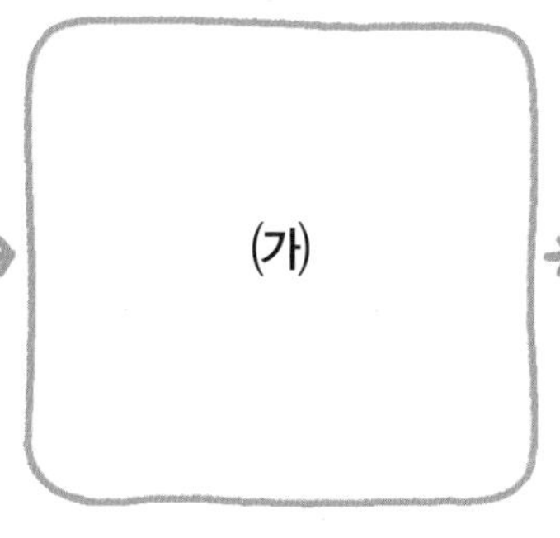

① 신문고를 설치했다.
② 과전법을 실시했다.
③ 정몽주를 만나러 갔다.
④ 『삼국유사』를 완성했다.
⑤ 원나라에 사신을 보냈다.

카드 세계사

영국, 농민들이 들고일어나다

장 프루아사르, 『프루아사르 연대기』

고려 말, 백성들이 세금으로 고통받을 때 영국에서도 농민들이 가혹한 세금에 반대하여 반란을 일으켰어요. 유럽은 1340년대 흑사병으로 큰 어려움을 겪었는데, 영국은 백 년 전쟁까지 치러서 나라 살림이 더욱 어려웠지요. 왕실은 이 문제를 해결하려고 농민들에게 세금을 내라고 강요했어요. 그러자 농민들이 반발하며 왕실까지 점령하였으나 주동자 와트 타일러가 살해되면서 반란에 실패하고 말았어요.

백 년 전쟁 중세 말기에 영국과 프랑스가 벌인 전쟁. 1337년부터 1453년까지 여러 차례 벌어졌음.

주동자 어떤 일을 주도하며 행동하는 사람.

02
1주

조선의 도읍, 한양은 어떤 곳인가요?

공부한 날짜: 월 일

한양의 역사
한양은 백제 온조왕이 위례성(한성)을 처음 도읍으로 삼은 것을 시작으로 약 5백 년간 도읍이었어요. 삼국 시대에는 고구려, 백제, 신라가 이곳을 서로 차지하려고 여러 차례 전쟁을 벌이기도 했지요.
고려 문종 때에는 남쪽의 도읍으로 여겨 '남경'이라고 부르며 한양에 궁궐을 지었어요. 한양은 이성계가 건국하면서 도읍이 된 뒤 5백 년 동안 조선의 도읍이었어요. 그리고 대한민국의 수도로 이어져서 지금은 '서울'로 불리고 있어요.

「도성도」

도읍 나라의 수도.
지형 땅의 모양이나 형세.

한양, 조선의 도읍이 되다

조선을 건국하고 태조 이성계가 가장 서두른 일은 도읍을 정하는 것이었어요. 새로운 나라에 어울리는 새로운 도읍이 필요했지요.

"전하, 충청도 계룡산 일대로 도읍을 정하심이 어떠하옵니까?"

태조는 신하의 말을 듣고 직접 계룡산을 둘러보러 갔어요. 계룡산 지역은 산으로 둘러싸여 적이 침략하기 힘들어 보였어요. 하지만 단점도 있었어요. 땅이 좁고, 강이 멀어서 교통이 불편했지요. 태조는 다시 도읍을 찾아보라고 명했어요. 신하들은 서로 다른 도읍지를 내세우며 의견을 좁히지 못했지요.

새 나라의 도읍을 새로 정할 때는 많은 것을 생각해야 했어요. 도읍은 나라를 통치하는 중심이 되는 곳이라서 우선 안전해야 해요. 적이 쳐들어왔을 때 효과적으로 막을 수 있는 지형이어야 하지요. 또 많은 사람이 드나들 수 있게 교통도 편리해야 해요. 그리고 도읍에 많은 사람이 살기 때문에 물과 곡식이 넉넉한 곳이어야 하지요.

얼마 뒤 여러 신하가 '한양'을 도읍으로 하자고 제안했어요.

"전하, 한양은 조선 땅의 한가운데 있으니 도읍으로 알맞다고 생각하옵니다."

"조선의 한가운데에 있으니 전국 어디든 거리가 일정합니다. 게다가 한강이 있으니 뱃길도 열려 있어 교통이 편리합니다."

"한강이 있어 물도 넉넉하고, 농사를 짓기도 좋아 식량 걱정이 없사옵니다."

"그뿐이 아닙니다. 한양은 산으로 둘러싸여 있어 적의 침입을 막기도 좋은 곳입니다."

태조는 무학 대사와 한양의 이곳저곳을 돌아보았어요. 그리고 도읍의 조건을 갖춘 한양을 조선의 도읍으로 정했어요. 사실 한양은 백제의 오랜 도읍이었고, 삼국 시대에 한양을 차지하기 위해 경쟁했던 것을 보아도 조선의 도읍으로 충분한 곳이었지요.

제안하다 의견을 내놓다.
무학 대사 조선 태조를 도와 조선 건국에 큰 역할을 한 조선의 승려.

Q1 반짝퀴즈

이성계는 교통이 편리하고 지리적 이점이 있는 □□을/를 조선의 도읍으로 정했다.

□□

종묘와 사직(단)

종묘는 조선 왕조의 뿌리라고 할 수 있는 왕들의 제사를 지내는 곳이에요. 종묘 제례는 종묘에서 제사를 지내는 행사를 뜻하지요.

사직(단)은 왕들이 한 해 농사가 잘되도록 토지 신과 곡식 신에게 제사를 올리는 곳이에요. 풍년과 함께 나라가 평안하기를 빌었지요.

종묘 사직단

설계하다 계획을 세우다.
선대 현재 세대에 앞선 조상의 세대.

정도전, 한양에 유교 사상을 심다

한양이 도읍으로 정해지자 조선 건국을 이끌었던 정도전이 나서서 한양을 설계했어요. 정도전은 한양 곳곳에 백성이 편안하고 각자 맡은 일에 최선을 다하는 유교 사상을 심으려 했지요.

먼저 한양 한가운데 왕이 머물 궁궐인 경복궁을 짓고, 경복궁 양쪽으로 종묘와 사직을 두었어요. 종묘는 선대 왕에게 제사를 지내는 곳이에요. 유교에서는 효를 중요하게 여겼기 때문에 부모와 조상을 받드는 것은 매우 중요한 일이었지요.

사직은 왕이 토지 신과 곡식 신에게 제사를 지내는 곳이에요. 유교에서는 왕과 신하들이 백성을 위한 바른 정치를 펼치는 것을 최고의 덕목으로 여겼어요. 그래서 농사짓는 백성들을 위하여 왕이 토지 신과 곡식 신을 받든 것이지요.

새로 지은 궁궐 '경복궁'이라는 이름에는 왕과 백성이 큰 복을 받아

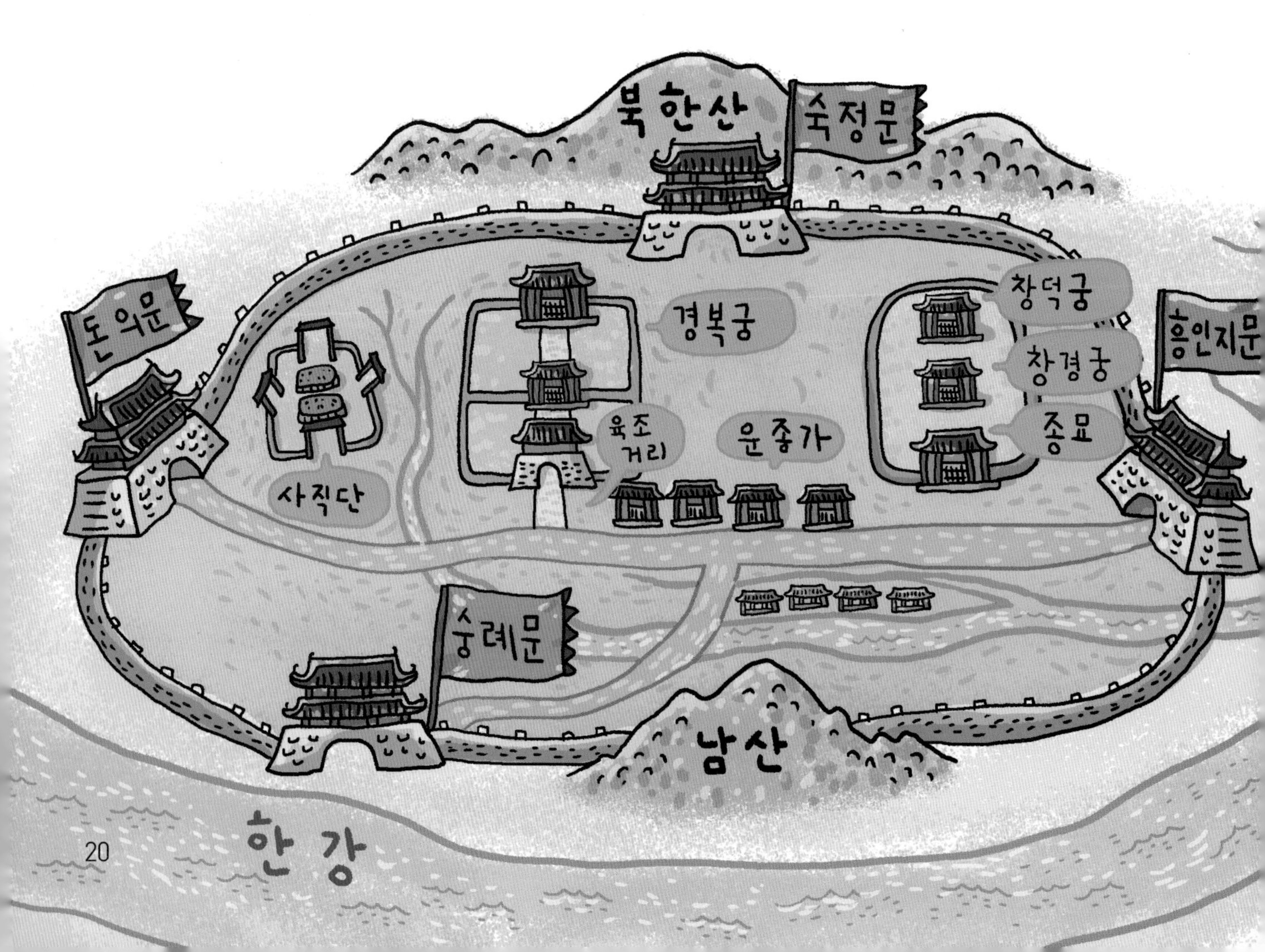

태평성대를 누리기 바라는 뜻을 담았어요.

경복궁 근정전

그리고 한양 주위에 성을 쌓고 도성을 드나드는 문을 동서남북에 만들었어요.

문 이름도 유교의 중요 덕목인 '인의예지신'을 넣어 흥인지문, 돈의문, 숭례문, 숙정문이라고 이름 붙였지요.

한양은 계획도시답게 경복궁 앞에 큰길을 만들고 길 양쪽으로 관청을 두었어요. 의정부, 호조, 예조, 병조 등의 관청이 있다고 하여 이곳을 육조 거리라고 불렀어요. 또, 육조 거리 아래 상점들이 줄을 이은 곳은 운종가라고 불렀는데, 운종가에는 물건을 사러 온 사람들로 북적이곤 했지요. 운종가 남쪽 청계천을 중심으로 길을 만들어 백성들이 살 집을 지었어요.

태평성대 太(클 **태**), 平(평평할 **평**), 聖(성신 **성**), 代(대신할 **대**)가 합쳐진 말로, 어진 임금이 잘 다스려서 태평한 세상을 이르는 말.

도성 도읍을 보호하기 위해 둘러쌓은 성곽.

인의예지신 仁(어질 **인**), 義(옳을 **의**), 禮(예도 **례**), 智(슬기 **지**), 信(믿을 **신**)이 합쳐진 말로, 사람이 갖추어야 할 다섯 가지 도리를 이르는 말.

관청 국가의 사무를 집행하는 국가 기관.

□□□은/는 유교 사상을 바탕으로 한양을 설계했다.

조선의 도읍이 된 한양

- 이성계는 새로운 나라, 조선의 도읍으로 한양을 정했다.
- 한양은 지리적으로 유리하고, 한강으로 인해 생활하기 좋은 조건을 갖추고 있었다.
- 정도전은 유교 사상을 바탕으로 백성을 근본으로 삼아 한양을 설계했다.
- 한양의 궁궐과 도성의 사대문은 유교에서 강조하는 덕목으로 이름 붙였다.
- 한양에는 경복궁을 중심으로 관청이 있는 육조 거리, 상점이 즐비한 운종가가 있었다.

1 다음 질문에 대한 답으로 바르지 못한 것은 어느 것입니까? (　　　　)

① 물과 식량을 구하기 쉽다.　② 한강이 있어 교통이 편리하다.
③ 조선 영토의 중심에 위치한다.　④ 뱃길로만 한양에 와서 편리하다.
⑤ 산으로 둘러싸여 외적의 공격을 막기 쉽다.

2 다음 건축물들의 이름을 통해 알 수 있는 것은 어느 것입니까? (　　　　)

① 불교 사상이 담겼다.　② 유교 사상이 담겼다.
③ 자유주의 사상이 담겼다.　④ 방향을 가리키는 뜻이 담겼다.
⑤ 백성을 가르치는 바른 소리라는 뜻이 담겼다.

37회 기출 응용

3 밑줄 친 '이곳'에 해당하는 문화유산의 이름은 무엇입니까? (   )

붙임 딱지 붙여요.

① 종묘　　② 경복궁　　③ 보신각　　④ 사직단　　⑤ 숭례문

카드 세계사

마리누스 밴,
「환전상과 그의 아내」

조선에 운종가가 생길 무렵, 중세 유럽에도 여러 나라가 교류하는 무역 시장이 열렸어요. 여기서는 나라마다 다른 화폐를 바꿔 주는 일이 중요했지요. 이때 생겨난 것이 은행으로, 시장 한구석에서 돈을 바꿔 주는 일에서 시작되었지요. 그러다 1397년에 유럽의 부자 메디치 가문이 피렌체에 전문적인 은행을 열었어요. 메디치 은행은 15세기 중반까지 유럽에 큰 영향을 주었어요.

은행 예금으로 업무를 하는 곳으로, 처음에 벤치(이탈리아어로 방카)에서 돈을 바꿔 주는 일로 시작하여 전반적 금융업을 하는 기관으로 발전함.

정도전과 이방원은 어떤 나라를 꿈꿨나요?

공부한 날짜: 월 일

정도전과 『조선경국전』
정도전은 조선 건국과 제도 정비에 힘쓴 문인이자 학자예요. 『조선경국전』은 태조 3년에 정도전이 지은 법전으로, 조선을 어떤 나라로 만들지에 대한 생각을 담았어요. 이 책에서 정도전은 왕보다는 신하가 통치의 중심이 되어야 한다고 했어요. 그래서 과거 시험을 통해 선발된 능력 있는 관리들에게 나랏일을 하게 하고, 왕은 관리를 따라야 한다고 했어요.

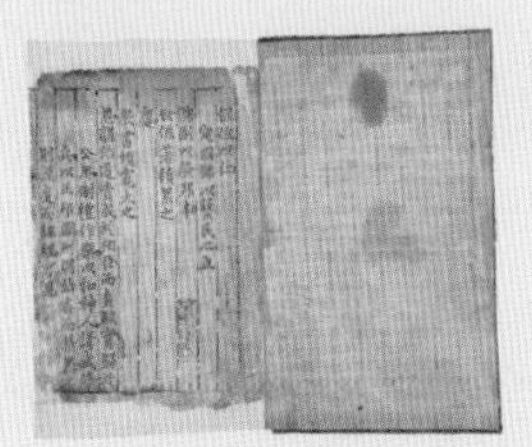
정도전, 『조선경국전』

정도전, 신하의 나라를 꿈꾸다

이성계의 조선 건국에 힘을 보태고, 조선의 도읍인 한양 설계에도 앞장선 정도전에게는 꿈이 있었어요. 바로 유교 사상을 바탕으로 나라를 다스리는 것이었지요. 그것은 왕도 정치였어요. 왕도 정치는 왕과 신하가 힘을 모아 덕으로 나라를 다스리는 것이에요. 그러기 위해서 왕은 사대부로 이루어진 신하들의 말을 귀담아들어야 한다고 정도전은 『조선경국전』을 통해 주장했지요.

"조선의 왕은 대대로 이어진다. 왕이 죽으면 왕의 맏아들 세자가 다음 왕이 되는 것이다. 하지만 새로운 왕이 항상 현명하리라는 보장이 없다. 이럴 때 신하의 역할이 중요하다. 신하는 왕의 부족함을 채우고, 왕은 현명한 신하에게 배우는 것이다."

이런 생각으로 조선에서는 경연을 중요하게 여겼어요. 경연은 왕과 신하가 유학을 공부하고, 나랏일에 의견을 나누는 것이었어요.

그래서 왕은 신하들의 의견을 함부로 무시할 수 없었지요.

하지만 정도전의 생각에 반대하는 인물이 있었어요. 바로 태조 이성계의 아들 이방원이었지요. 정도전은 왕보다 신하들의 역할이 중요하다고 했는데, 이방원은 강한 왕권으로 나라를 다스려야 한다고 생각했어요. 서로 다른 생각은 결국 갈등을 불러왔어요. 정도전은 이성계의 막내아들인 이방석이 왕세자가 되어야 한다고 주장했어요.

"다음 왕이 될 세자는 왕의 막내아들이신 방석 왕자가 좋겠소."

"뭐라고요? 열 살밖에 안 된 막내에게 왕위를 맡긴다고요?"

이방원은 정도전의 뜻을 받아들일 수 없었어요. 태조 이성계의 여러 아들 중 막내인 방석을 왜 택했는지 도무지 이해할 수 없었지요. 이방원은 첫 번째 부인에게서 낳은 6명의 아들 중 다섯째였고, 방석은 둘째 부인에게서 난 2명의 아들 중 막내였으니 말이에요.

"정도전이 내 형들이 있는데 저 어린것을 왕위에 올리려 하다니 괘씸하군! 조선을 왕의 나라가 아니라 신하의 나라로 만들려는 거야. 가만히 있을 수 없어!"

마침내 이방원은 군사를 일으켰어요.

사대부 유교를 공부하여 과거 시험을 통해 관리가 된 사람.
세자 왕이 통치하는 나라에서 임금의 자리를 이을 임금의 아들.

정도전은 왕보다 □□이/가 중심이 되어 나라를 다스려야 한다고 주장했다.

이방원, 이성계, 함흥차사
이방원이 일으킨 1차 왕자의 난으로 화가 난 이성계는 고향인 함흥으로 떠나고 말아요. 이방원은 태조가 있는 함흥으로 한양에 돌아오시라며 차사를 보내요. 차사는 임금이 일을 맡겨 멀리 보내는 관리를 뜻하지요.
하지만 화가 풀리지 않은 이성계는 찾아오는 차사마다 죽이거나 가두었어요. 이 일로 궁궐로 돌아오는 차사가 한 명도 없게 되었어요. 이때부터 함흥차사라는 말이 생기게 되었지요. 함흥차사는 심부름을 가서 돌아오지 않을 때 쓰는 말이에요.

난 전쟁이나 군사가 일으킨 난리.
함흥 함경남도에 있는 시.

이방원, 왕자의 난을 일으키다

정몽주를 죽이며 조선 건국에 힘을 썼던 이방원은 군사를 일으켜서 조선 건국을 설계한 정도전까지 죽였어요. 그리고 정도전을 따르던 관리들도 죽이고, 태조의 둘째 부인의 아들인 어린 두 동생도 죽였어요. 정도전이 앞장세웠던 세자가 죽은 것이에요. 1차 왕자의 난이었지요. 그 뒤 새 세자는 이방원의 둘째 형인 이방과가 되었어요.

1차 왕자의 난으로 깊은 상처를 입은 사람은 태조 이성계였어요. 어린 아들이 죽고, 함께 조선을 건국했던 정도전까지 죽으니 아들이지만 이방원을 용서할 수 없었지요.

"조선을 건국했지만 난 나라를 다스리는 일을 더 이상 하고 싶지 않구나. 새롭게 세자가 된 아들에게 왕위를 물려주겠다."

태조는 왕의 자리를 세자에게 물려주고 한양을 떠나 고향인 함흥으로 돌아가 버렸어요. 이방원이 함흥에 사람을 보내어 태조의 마음을 돌리려 했지만 소용없었지요.

조선의 제2대 왕이 된 정종은 동생 이방원의 눈치만 살폈어요. 이

때 태조의 넷째 아들인 이방간은 이방원이 자신을 없애려 한다는 거짓 소문을 들었어요. 이방간은 군사를 동원해서 이방원을 공격하기로 마음먹었어요.

"나라고 조선의 왕이 되지 말란 법 있나? 방원이를 몰아내고 내가 왕이 될 것이다!"

조선에 2차 왕자의 난이 벌어지고 말았어요.

정도전

짐 임금이 자기를 가리켜 부르는 말.

이방원은 이번에도 칼을 휘둘러 형 이방간을 무찔렀어요. 그리고 더는 왕위를 노리지 못하게 이방간을 멀리 귀양 보냈지요. 이방원이 2차 왕자의 난까지 진압하자 정종은 더욱 왕의 자리가 불편했어요.

"짐은 조선의 왕에서 물러나겠소. 이제부터 조선의 왕은 이방원이오."

정종은 스스로 왕의 자리에서 내려와 왕위를 이방원에게 물려주었어요. 왕자의 난을 통해 이방원은 조선의 제3대 왕 태종이 되었지요.

Q2 반짝퀴즈

이방원은 1차, 2차 □□□ □ 후에 조선의 왕이 되었다.

정도전과 이방원의 꿈

- 정도전은 유교 정치를 완성하기 위해서 조선이 신하 중심의 나라가 되어야 한다고 주장했다.
- 이방원은 왕권을 강화해야 조선이 강한 나라가 된다고 주장했다.
- 이방원이 정도전을 죽인 1차 왕자의 난을 일으킨 뒤에 정종이 왕이 됐다.
- 이방간이 일으킨 2차 왕자의 난을 이방원이 진압하고 권력을 잡았다.
- 정종이 이방원에게 왕위를 물려주어 이방원은 조선 제3대 왕 태종이 됐다.

1 다음 대화에서 설명한 사건과 관련 있는 내용을 모두 고르세요. (   )

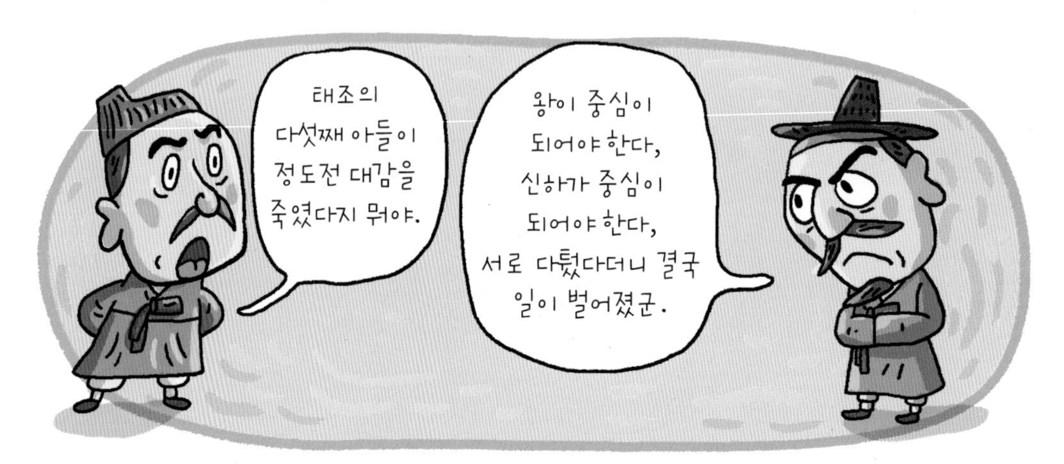

① 조선 초기에 일어난 일이다.
② 고려 말 두 세력 사이의 다툼이다.
③ 이방원이 조선의 두 번째 왕이 되었다.
④ 1차 왕자의 난으로 정종이 왕위에 올랐다.
⑤ 정도전의 생각은 유교 사상에서 벗어난 것이었다.

2 다음 일이 일어난 순서에 맞게 기호를 나열해 보세요.

(   ) ➡ (   ) ➡ (   ) ➡ (   )

42회 기출 응용

3 (가)에 들어갈 인물의 이름은 무엇입니까? (   )

붙임 딱지 붙여요.

이름: (가)

- **일생:** 1342년~1398년
- **호:** 삼봉
- **인물이 한 일**
  - 조선 건국에 앞장섰다.
  - 한양을 설계했다.
  - 『조선경국전』을 썼다.
  - 왕보다 신하가 중심인 나라를 주장했다.

① 이성계 ② 이방원 ③ 정도전 ④ 정몽주 ⑤ 이방간

카드 세계사

조선에 왕자의 난이 일어나 혼란스러웠던 14세기 후반, 티무르가 중앙아시아에 거대한 제국을 건설했어요. 티무르는 자신이 칭기즈 칸의 후예라고 주장하며 바그다드, 델리 등 서남아시아까지 세력을 넓혔어요. 그리고 1402년에 오스만 튀르크와 벌인 앙카라 전투에 승리하면서 세계 제국으로 발돋움하지요. 하지만 1405년 티무르가 중국 원정 도중에 사망하면서 티무르 왕조는 점점 쇠퇴하고 말아요.

티무르 티무르 왕조의 제1대 황제. 옛 몽골 제국 영토의 대부분을 차지하는 대제국을 건설함.

태종은 어떻게 왕권을 강하게 만들었나요?

공부한 날짜: 월 일

태종의 왕권 강화
왕자의 난으로 왕위에 오른 태종은 왕권을 튼튼히 하기 위한 일들을 해 나갔어요. 가장 먼저 개인이 거느리던 군사인 사병을 모두 나라에 속하게 했어요.
그리고 불법으로 빼앗은 노비는 원래 주인에게 돌려주고, 노비의 신분이나 상속 관계가 잘못된 것은 바로잡았어요. 이것은 모두 공신들의 힘을 약화시켜서 왕권을 강화하기 위한 정책이었어요.

공신 공이 큰 신하.
귀양 옛날 죄인을 먼 곳이나 외딴 섬에 보내어 살게 하던 형벌.

태종, 왕권을 위협하는 세력을 없애다

태종은 왕자의 난을 통해 조선의 세 번째 왕이 되었어요. 그만큼 건국 초기 조선은 안정된 상태가 아니었지요. 그래서 태종은 왕권을 안정시키고 강하게 만드는 것을 가장 중요한 목표로 삼았어요.

먼저 태종은 왕권을 위협할 수 있는 세력을 없애는 일을 했어요. 왕이 하려는 일을 가로막거나, 힘을 키워 왕위를 노릴 수 있는 세력이 없어야 왕권이 안정될 것으로 여긴 것이지요. 태종은 자신이 왕이 될 수 있도록 도운 관리인 공신들을 귀양 보냈어요.

"공신들은 자신의 공을 내세워 왕인 나의 권한에 도전할지 모른다. 그런 세력이 없어야 왕권이 안정될 수 있다."

태종의 생각은 확고했어요. 태종은 자신을 도운 아내의 남동생들까지 죽였지요. 아내인 왕비가 살려 달라고 애원했지만, 태종은 꿈쩍도 하지 않았어요. 왕권을 위해서 태종은 냉정하게 행동했어요.

주변 세력을 정리한 태종은 왕에게 힘을 모아 주는 제도들도 하나씩 실행해 나갔어요.

"이보게, 관리들이 거느리는 사병을 허용하는 사병제를 모두 없애라는 왕의 명령이 떨어졌다는군."

"뭐? 왕위에 오르기 전에는 누구보다 많은 사병을 거느려 놓고, 이제는 모두 없애라는 명령을 했다고?"

"하긴, 왕자였던 이방원이 왕이 될 수 있었던 것도 사병 덕이 컸으니까 관리들이 사병을 두는 것이 두려울 거야."

태종은 왕이 되기 전 사병들을 이끌고 1차 왕자의 난을 일으키고, 2차 왕자의 난을 진압하기도 했지요. 그런데 왕이 되고 나서는 바로 관리들이 거느린 사병들을 없애 버린 것이지요. 사병제를 없애야 반란을 일으킬 수 없다는 것을 누구보다 잘 알고 있었기 때문이에요.

사병제 권세를 가진 개인이 사사로이 길러서 병사를 부리도록 한 제도.

Q1 반짝퀴즈

태종은 왕권 강화를 위해 관리들이 군사를 거느리는 제도인 □□□을/를 없앴다.

의정부와 6조
의정부는 조선의 최고 통치 기관으로 영의정, 우의정, 좌의정으로 이루어져 있어요. 의정부 아래로는 6조가 있었는데 6조는 나랏일을 실질적으로 실행하는 기관이었지요. 6조는 각각 맡은 일이 정해져 있었어요.
이조 관리를 뽑고 평가하고 관리하는 일.
호조 인구와 토지를 조사하고 세금을 걷는 일.
예조 의례와 제사, 교육, 과거 시험, 외교와 관련된 일.
병조 군사, 통신에 관한 일.
형조 법률로 재판과 형벌을 내리는 일.
공조 산림, 건설, 수공업 관련된 일.

지방관 각 지방에 있으면서 지방의 일을 맡아보는 공무원.
5도 양계 고려 시대 지방 행정 조직.
행정 구역 행정 기관의 권한이 미치는 범위의 구역.

제도를 개편하다

태종은 왕의 권한이 전국으로 미치기를 원했어요. 그래서 지방관 파견에 나섰어요. 먼저 5도 양계로 나누어져 있던 전국의 행정 구역을 8도로 개편하고 그 아래 부, 목, 군, 현 같은 조직을 두고 관리를 파견했어요. 지방 관리를 통해 왕의 권한이 지방까지 미치게 하기 위한 일이었지요.

중앙에서는 중요한 나랏일을 결정하던 의정부를 축소하고 나랏일을 실행에 옮기는 6조를 태종이 직접 다스렸어요. 의정부는 정종 때 만들어진 조선 최고의 통치 기관으로 영의정, 우의정, 좌의정 3명의 정승이 의논하여 나랏일을 결정했어요. 그리고 의정부에서 6조의 판서들에게 일을 시켰지요.

그런데 태종 때는 달랐어요. 태종이 6조 판서들을 직접 만나 나랏일을 보고받고 해야 할 일을 직접 명령했어요. 의정부의 3정승은 도움말을 해 주는 정도였지요.

태종은 왕의 권한을 강화하기 위해 백성들에게는 호패법을 시행했어요. 호패는 왕족에서부터 양인까지 16살이 넘는 남자라면 누구나

차고 다니는 신분증 같은 것이에요. 호패는 신분이나 지위에 따라 모양과 재질이 달랐고, 앞면에 이름과 태어난 연도가 쓰여 있었어요.

호패

동원하다 어떤 일을 하기 위해 사람을 모으거나 물건, 방법 등에 집중하다.

"하하, 드디어 나도 호패를 받았어요!"

"호패를 받아서 좋으냐?"

"왠지 어른으로 인정해 주는 것 같아서 좋은걸요."

"쯔쯧, 그게 세금 귀신인 줄은 모르는 모양이구나."

호패법이 시행되면서 국가에서는 백성의 수를 쉽게 헤아릴 수 있었어요. 자연히 세금도 철저하게 걷을 수 있었고, 나라에 노동력이나 군사가 필요할 때도 백성들을 동원하는 것이 쉬워졌지요. 이렇게 늘어나는 세금과 백성의 노동력은 결국 왕의 힘을 강하게 만들어 주었지요. 사병제 폐지와 지방관 파견, 6조 직접 지휘하기에서 호패법 시행까지, 조선의 왕권은 점점 강해졌답니다.

Q2 반짝퀴즈

태종은 중요한 나랏일을 결정하던 의정부의 권한을 축소하고 □□에 직접 명령을 내렸다.

태종과 왕권 강화

- 태종은 왕권에 도전할 수 있는 세력을 없애고 왕권을 강화했다.
- 태종은 사병제를 폐지하고 전국을 8도로 개편하여 지방관을 파견했다.
- 태종은 의정부의 권한을 축소하고 왕이 직접 6조에서 보고받고 명령을 내렸다.
- 태종은 호패법을 실시하여 세금을 거둘 대상과 국가에서 동원 가능한 노동력을 파악했다.

1 다음 호패에 대해 바르게 설명한 친구를 모두 찾아 ○표 하세요.

호패

2 조선 태종이 왕권 강화를 위해 한 일을 모두 고르세요. (   )

① 공신들에게 많은 권력을 주었다.
② 의정부의 권한을 강하게 만들었다.
③ 관리들이 직접 거느리던 사병제를 없앴다.
④ 경연에서 왕이 신하의 말을 잘 듣고 따르게 했다.
⑤ 왕이 직접 6조 판서의 보고를 받고 명령을 내렸다.

38회 기출 응용

3 다음 탐구 주제에 맞는 이야기를 한 친구에 ○표 하세요.

붙임 딱지 붙여요.

( ) ( ) ( ) ( )

카드 세계사

태종이 왕권 강화에 힘쓴 것처럼 명은 『대명률』이라는 법을 만들어서 왕권을 강화했어요. 『대명률』은 홍무제의 명을 받은 관리 유유겸이 당률을 보완하며 편찬한 명의 기본 법전이에요. 홍무제는 1367년에 명의 기본적인 형법인 『대명률』을 제정했어요. 『대명률』의 내용은 곤장, 유배, 사형 등 다섯 가지 형벌에 대한 것이었어요. 『대명률』은 조선이 『경국대전』을 만드는 데에도 영향을 주었어요.

당률 중국 당 때에 제정된 형법. 시민법과 규제에 의해 보완되어 중국뿐만 아니라 동아시아의 법률에 영향을 줌.

성균관은 무엇을 하던 곳인가요?

공부한 날짜: 월 일

성균관과 유생
성균관은 고려 때 생겨나 조선 태조 때 한양에 설치한 조선의 최고 교육 기관이에요. 조선에서는 성균관에서 공부하는 유생에게 여러 혜택을 주었어요. 문과의 초시와 수업료를 면제해 주고, 종이, 먹, 붓, 책, 먹는 음식까지 나라에서 모두 주었어요. 간혹 임금님이 귀한 과일을 성균관에 보내 공부하는 유생들을 격려해 주기도 했어요.

장원 급제 과거에서, 갑과의 첫째로 뽑히던 일.
동몽선습 조선 시대 지켜야 할 윤리와 주의 사항을 짧게 정리하고, 중국과 조선의 역사를 덧붙인 어린이 학습서.
명심보감 조선 시대 어린이들의 인격 수양을 위한 한문 교양서.

서당에서 성균관까지 교육 기관이 발달하다

"장원 급제 납시오!"

"아이고, 이 고을에서 장원 급제가 나오다니 장하네, 장해!"

조선 시대에 과거 시험에 1등으로 합격하면 꽃가마를 타고 축하를 받았어요. 장원 급제를 하려면 보통 여러 교육을 받았어요.

조선은 유교 국가를 꿈꾸며 건국되었기 때문에 무엇보다 유교 교육에 힘을 쏟았어요. 그래서 어릴 때부터 유학을 공부했지요. 양반집 아이들이 처음으로 가는 학교는 서당이었어요. 서당에서는 처음 천자문을 배웠지요.

"하늘 천(天), 땅 지(地), 가마솥에 누룽지 박박 긁어서……."

"이놈, 그런 천자문이 어디 있느냐, 바르게 외우지 못할까?"

서당에서 공부를 가르치는 훈장님의 불호령에 어린아이들은 정신을 바짝 차리고 『천자문』을 익혔어요. 다음으로는 『동몽선습』, 『명심보감』 같은 책을 통해 유학을 배웠지요.

서당 공부를 마치고 나면 4부 학당이나 향교에서 공부를 했어요.

성균관 명륜당

4부 학당은 한양에 있는 중·고등학교이고, 향교는 각 지방에 있는 중·고등학교라고 할 수 있지요. 이때부터는 유학에서 중시하는 사람의 기본 도리와 예법을 배웠어요. 이것을 공부하여 시험에 붙어야 조선 최고 교육 기관인 성균관에 갈 수 있었지요.

조선에서는 성균관에서 공부하는 학생들을 성균관 유생이라 불렀어요. 성균관 유생이 되면 조선의 관리를 뽑는 과거 시험을 준비했어요. 성균관 유생이 4부 학당이나 향교에서 했던 과거 공부는 성균관에 들어오기 위한 것이었고, 성균관에서 하는 과거 공부는 높은 관리가 되기 위한 공부였지요.

조선은 유생들의 공부를 적극적으로 지원했어요. 성균관 유생을 위한 생활 시설까지 마련하여 먹고 자며 공부할 수 있게 했지요. 성균관 유생들은 『논어』, 『맹자』 등의 유교 경전을 공부하고, 때가 되면 유교의 창시자인 공자의 제사도 지냈어요.

논어 유교 경전 중 하나로, 공자와 그의 제자들의 말과 행동을 적은 책.
맹자 유교 경전 중 하나로, 맹자와 그의 제자들의 대화를 적은 책.
창시자 어떤 사상을 처음 시작하거나 내세운 사람.

반짝퀴즈 Q1

조선의 관리가 되려면 보통 서당에서 공부한 뒤 4부 학당이나 향교를 거쳐 □□□에서 공부했다.

조선의 과거 제도
과거제는 고려 광종 때 시행되어 조선까지 이어진 관리 선발 제도예요.
고려 때 과거제가 음서제(시험을 보지 않고 관리에 등용되는 제도)로 인해 완전히 자리를 잡지 못한 데 비해 조선의 과거제는 좀 더 체계적으로 시행되었어요. 문과 시험은 유교 경전에 대한 시험, 당시의 정책에 대한 논술 시험 두 가지였는데, 응시생들은 이 중 하나를 선택할 수 있었어요. 단계별로는 소과와 대과가 있어 소과에 합격하면 시험 종류에 따라 생원이나 진사가 되고, 성균관에 입학할 수 있었어요.

과거제로 관리를 뽑다

조선 시대의 선비들은 열심히 공부하여 과거 시험에 붙어서 관리가 되는 것을 최고의 목표로 삼았어요. 과거 시험은 정해진 기준을 통해 실시되었어요.

과거 시험은 보통 3년마다 치러졌어요. 그런데 나라에 경사스러운 일이 있을 때면 따로 과거 시험을 보기도 했어요. 과거 시험은 문과, 무과, 잡과로 나뉘어 있었어요. 문과는 주로 양반들이 유교 경전을 공부하여 치르는 시험이에요. 문과는 소과와 대과로 나뉘어져 있는데, 소과에 붙어야 성균관에 입학할 수 있었어요. 소과 시험은 유교에 대한 이해와 글쓰기 실력을 보았어요. 소과 시험에 붙어서 성균관에 들어간 후 대과까지 붙으면 비로소 조선의 관리가 될 수 있었지요. 대과 시험에서는 보통 33명을 뽑았어요.

"이렇게 많은 사람 중에 33명 안에 들 수 있을까?"

문과 시험에 나서는 선비들은 걱정이 많았어요. 과거 시험을 보는 사람이 많아서 뽑히기 쉽지 않았고, 시험이 3년마다 있어서 조선의 관리가 되는 것은 정말 힘들었기 때문이지요.

무과는 무관, 즉 군대의 관리를 뽑기 위한 시험이었어요. 활쏘기와 말타기 같은 실기 시험을 보다가 나중에는 유교와 병법 시험을 보았지요. 잡과는 통역관, 의사, 관청의 업무를 돕는 관리 등을 뽑는 시험으로, 양반들보다는 중인들이 많이 도전했어요.

조선에도 고려 시대처럼 시험을 보지 않고 관리가 되는 경우도 있었어요. 하지만 그런 경우는 흔치 않았지요. 그래서 평생을 과거 시험에 매달리는 양반도 있었고, 일부 양반들은 자식이 어릴 때부터 과거 시험 공부에 정성을 쏟았어요. 가끔 부정한 방법으로 시험을 치르는 일도 벌어졌어요. 옷 속에 몰래 책 내용을 적어 오는 사람이 있는가 하면, 관리에게 뇌물을 주거나 대신 과거 시험을 봐주는 사람도 있었지요.

병법 군사를 지휘하여 전쟁하는 방법.
뇌물 어떤 직위에 있는 사람을 이용하기 위해 건네는 부정한 돈이나 물건.

조선 시대의 과거 시험은 나라의 □□을/를 뽑기 위한 시험이었다.

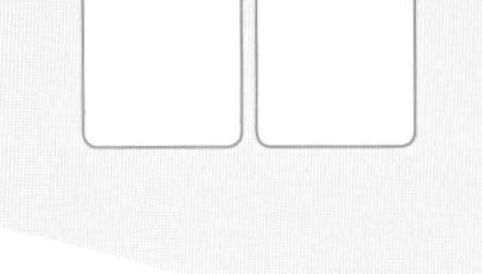

조선의 교육 기관과 과거 제도

- 조선의 학생들은 서당에서 공부한 뒤 4부 학당, 향교에서 공부했다.
- 성균관은 조선의 최고 교육 기관으로, 나라의 관리를 길러 내기 위한 곳이었다.
- 성균관에서 일정 기간 동안 공부하면 문과 시험을 볼 수 있는 자격이 주어졌다.
- 과거제는 조선의 관리를 뽑기 위한 제도로, 문과, 무과, 잡과로 나뉘어 있었다.
- 과거 시험은 보통 3년마다 실시되었는데, 특별한 경우에 따로 실시되기도 했다.

1 다음 그림과 관련 있는 조선의 교육 기관은 어느 것입니까? (　　　　　)

① 서당　② 향교　③ 국자감
④ 성균관　⑤ 4부 학당

2 (가)에 들어갈 말로 알맞은 것은 무엇입니까? (　　　　　)

> 조선의 [(가)]
>
> - 조선의 관리를 뽑는 시험이다.
> - 문과, 무과, 잡과 시험이 있었다.
> - 양인 신분이면 누구나 응시할 수 있었다.
> - 3년마다 열리는 것이 원칙이나 나라의 경사가 있을 때 열리기도 했다.

① 국방 제도　② 신분 제도　③ 결혼 제도
④ 과거 제도　⑤ 외교 제도

40회 기출 응용

3 다음에서 설명하는 '이곳'은 어디입니까? (   )

붙임 딱지 붙여요.

'이곳'은 조선 시대 한양에 있던 최고 교육 기관입니다. '이곳'에는 학생들이 공부하는 명륜당, 공자의 제사를 지내는 대성전, 학생이 생활하는 동재와 서재 등이 있었습니다.

① 서원 ② 태학 ③ 성균관 ④ 근정전 ⑤ 경복궁

카드 세계사

명, 정화가 바닷길을 열다

조선이 기틀을 잡아갈 무렵인 1405년에 명에서는 수많은 배가 항해에 나섰어요. 영락제의 명령을 받은 정화가 비단, 향료, 도자기를 싣고 대항해를 시작한 것이지요. 정화는 수마트라와 인도, 아라비아, 아프리카까지 나아갔어요. 정화의 28년에 걸친 일곱 차례의 대항해는 중국이 다른 나라와 교류하며 동양의 발달된 항해술을 보여 준 사건이었어요.

영락제 명의 제3대 황제로, 중앙 집권을 강화하고 학술을 장려하였음.
대항해 신항로 개척이나 신대륙 발견을 위해 배를 타고 바다 위를 다님.

PART 2

조선의 문화와 과학의 발전

조선은 세종 때에 와서 찬란한 문화와 과학의 발전을 이루었어요.
세종과 집현전 학자들은 어떻게 많은 문화유산과 과학 기구를
만들 수 있었는지 살펴보고, 훈민정음 창제 과정과
그것이 갖는 의미를 생각해 봐요.

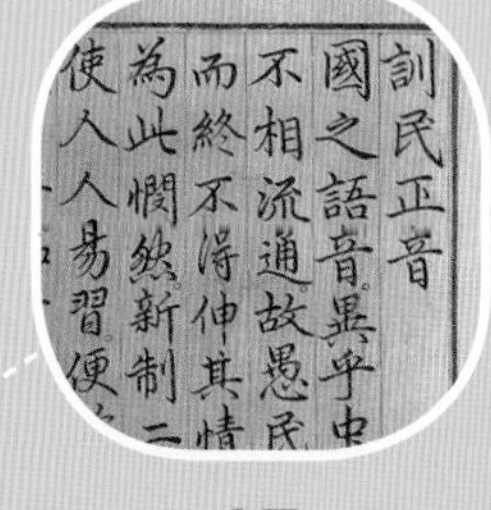
訓民正音
國之語音異乎中
不相流通故愚民
而終不得伸其情
爲此憫然新制二
使人人易習便

07
세종은 왜 훈민정음을
만들었나요? _50쪽

08
집현전은 무엇을
하던 곳인가요? _56쪽

06
세종은 어떤
왕이었나요? _44쪽

1388
위화도 회군

1392
조선 건국

1418
세종 즉위

1429
『농사직설』 편찬

1441
측우기 제작

1446
훈민정음 반포

1485
『경국대전』 시행

1543
백운동 서원 설립

1592
임진왜란

1597
명량 대첩

1610
『동의보감』 완성

1636
병자호란

1649
효종 즉위

09
앙부일구와 자격루는
누가 만들었나요? _62쪽

10
『경국대전』은
어떤 책인가요? _68쪽

세종은 어떤 왕이었나요?

공부한 날짜: 월 일

세종의 형제들
세종에게는 두 명의 형과 어린 나이에 죽은 동생이 있었어요. 첫째 형 양녕 대군은 세자가 되었지만 책 읽기를 게을리하고, 사냥과 놀이에 빠져 결국 세자 자리에서 물러나게 되지요. 둘째 형 효령 대군은 양녕 대군이 세자 자리에서 물러난 후 스스로 절로 들어가 스님이 되었어요.
태종은 셋째 아들 세종에게 왕위를 물려주고 한동안 뒤에서 왕의 일을 도와주었지요.

세종, 태종의 셋째 아들로 왕위를 물려받다

세종은 왕자의 난으로 왕위에 오른 이방원, 즉 태종의 셋째 아들이었어요. 조선에서는 왕의 자리를 보통 첫째 아들에게 물려주었는데, 태종은 첫째가 아닌 셋째 아들 세종에게 물려주었지요. 그것은 태종이 고민을 많이 해서 결정한 일이었어요.

"요즘 첫째 양녕 대군이 공부를 게을리하고 여기저기서 사고를 일으키고 다닌다고?"

"예, 어제도 사냥에 가신다며 공부를 하지 않으셨습니다."

"왕이 될 아들이 저 모양이니 걱정이군."

태종은 첫째 아들의 바르지 못한 행동들을 보며 걱정을 했어요. 태조가 조선을 건국하고, 태종이 왕권을 강화하는 노력을 기울였는데 다음 왕이 나라를 제대로 다스리지 못한다면 조선의 앞날이 밝을 수 없다고 생각한 것이지요.

'지금이라도 왕이 될 세자를 다시 골라서 임금 수업을 시켜야겠군!'

태종은 진정 조선의 앞날을 밝힐 수 있는 재목이 누구인지 살폈어요. 그때 어릴 때부터 총명하고 책을 좋아하며 학문을 즐기는 셋째 아들 충녕 대군이 눈에 들어왔어요.

"나는 왕위를 첫째가 아닌 셋째 충녕 대군에게 물려주겠다!"

태종은 양녕 대군을 세자에서 물러나게 하고, 충녕 대군을 세자로 새로 정했어요. 그리고 얼마 후, 충녕 대군에게 왕위를 물려주었지요. 이렇게 왕위에 오른 사람이 바로 조선의 제4대 왕 세종이에요.

태종의 뜻을 이어받은 세종은 좋은 왕이 되기 위해 노력했어요. 왕위에서도 백성들의 어려움을 제대로 이해하기 위해 궁궐 한 편에서 직접 농사를 짓기도 했어요. 어릴 때부터 열심히 했던 공부도 게을리하지 않았어요. 얼마나 책을 많이 읽었는지 건강을 해칠까 봐 신하들이 말릴 정도였지요. 『조선왕조실록』에는 세종에 대해 '쉴 새 없이 부지런했던 왕'이라고 기록되어 있어요.

재목 어떤 일을 할 수 있는 능력을 가졌거나 어떤 직위에 합당한 인물.
왕위 임금의 자리.
조선왕조실록 조선 태조 때부터 철종 때까지 427년의 역사를 기록한 책.

태종에 이어 왕위에 오른 조선의 제4대 왕은 □□(이)다.

세종 때의 세금
조선 건국 시기에 실시한 과전법은 토지 1결마다 최고 30두까지 세금을 내게 하는 제도예요. 세종 때는 전분 6등법과 연분 9등법이 실시되어 세금이 토지 1결마다 최고 20두에서 최저 4두로 줄었지요. 그리고 토지마다 빠짐없이 세금을 걷기 위해 20년마다 토지 조사를 하여 토지 대장을 만들게 했어요.

기름지다 (땅의) 영양 상태가 좋다.

백성을 위한 세금 제도를 만들다

세종은 백성들이 걱정 없이 잘사는 방법이 무엇일지 고민했어요. 농사를 지어 먹고사는 백성들의 마음을 헤아리려고 농사를 직접 지었던 것처럼 백성들의 걱정인 세금 문제를 생각했지요.

"지금의 세금 제도는 백성들의 상황을 세심하게 살피지 못하고 있어. 어떤 땅은 기름져서 농사가 잘되고, 어떤 땅은 기름지지 않아 농사를 지어도 잘되지 않는데 말이야."

세종의 고민은 계속되었어요.

"어떤 해에는 비가 잘 와서 풍년이 들지만 어떤 해는 가뭄이나 홍수가 들어 농사를 망칠 수도 있어. 그런데 늘 같은 세금을 내는 건 옳지 않아."

세종은 세금에 대한 조사를 충분히 해서 세금 제도를 바꿔야겠다고 생각했어요. 하지만 세종은 백성을 위한 제도를 함부로 바꿀 수 없었어요. 제대로 된 제도를 만들기 위해 농민과 관리에게 의견을

물었어요. 오늘날처럼 여론 조사를 한 것이지요. 그 결과 세종은 세금 제도를 전분 6등법과 연분 9등법으로 정했어요.

"이제는 땅의 상태에 따라 6개의 등급으로 나눠 농사가 잘되는 땅과 농사가 잘되지 않는 땅에서 내는 세금을 달리하라. 그리고 해마다 날씨의 영향에 따라 풍년과 흉년의 기준을 9등급으로 나눠서 세금을 정하도록 하라."

세종

여론 많은 사람들의 공통된 의견.
전분 조세를 거두어들이기 위해 논밭의 등급을 매기던 일.
연분 그해의 수확을 농사의 풍흉에 따라 지역 단위로 나누는 것.

세종의 노력으로 백성들은 세금 부담이 줄어 기뻤어요. 세종은 이렇게 새로운 세금 제도를 만들면서 전국에 어떤 토지가 있는지 조사하여 세금을 내지 않던 토지도 찾아냈어요. 그 덕분에 나라의 세금은 오히려 늘어났어요. 세종의 노력이 백성들에게도 나라 살림에도 이득이 된 것이지요.

Q2 반짝퀴즈

세종 때 전분 6등법과 연분 9등법이 실시되면서 백성들의 □□ 부담이 줄었다.

백성을 위한 정치를 펼친 세종

- 태종의 뒤를 이어 태종의 셋째 아들인 세종이 조선의 제4대 왕이 됐다.
- 세종은 백성의 입장에서 생각하고 백성들을 위한 정치를 펼치기 위해 노력했다.
- 세종은 땅의 상태와 날씨 상황에 맞게 세금을 걷는 전분 6등법과 연분 9등법을 실시했다.
- 세종의 세금 제도 개편으로 백성들은 세금 부담이 줄고, 나라 살림도 나아졌다.

1 (가)~(다)를 시간 순서에 맞게 나열한 것은 어느 것입니까? (   )

(가) 왕자의 난

(나) 세종 즉위

(다) 태종의 호패법 시행

① (가)-(나)-(다)　② (가)-(다)-(나)　③ (나)-(다)-(가)
④ (나)-(가)-(다)　⑤ (다)-(나)-(가)

2 다음 그림에서 설명하는 세금 제도는 어느 것입니까? (   )

① 과전법　② 대동법　③ 직전법
④ 호패법　⑤ 전분 6등법과 연분 9등법

44회 기출 응용

3 다음 가상 인터뷰에 나오는 왕에 대해 바르게 설명한 것은 무엇입니까?

( )

붙임 딱지 붙여요.

세종 대왕님, 세금 제도를 전분 6등법으로 바꾼 이유를 설명해 주세요.

인터넷 기자

백성들에게 세금 부담을 덜어 주기 위해 땅의 상태에 따라 내는 세금을 달리했지요.

똑같이

다르게

① 조선을 건국했다.
② 호패법을 시행했다.
③ 『조선경국전』을 완성했다.
④ 위화도 회군으로 왕이 되었다.
⑤ 태종의 셋째 아들로 백성을 위한 정치를 했다.

카드 세계사

엔히크의 대항해 상상화

태종의 셋째 아들로 조선의 왕이 된 세종이 능력을 발휘할 때, 유럽에는 해양왕 엔히크가 새 시대를 열었어요. 포르투갈 왕의 셋째 아들로 태어난 엔히크는 왕이 될 수 없다는 것을 알고, 바닷길을 개척하는 일에 힘썼어요. 엔히크는 아시아와의 무역을 위해 아프리카를 탐험하여 인도로 가는 바닷길을 열었어요. 엔히크의 노력으로 유럽은 대항해 시대를 맞이하였고, 엔히크는 해양왕이라 불렸답니다.

대항해 시대 15~16세기 유럽인들이 바다로 나가 바닷길을 찾고, 신대륙을 개척하던 시대.

공부한 날짜: 월 일

세종은 왜 훈민정음을 만들었나요?

최만리의 상소문

세종은 몇몇 집현전 학자들에게만 알리고 신하들 몰래 한글 창제를 진행했어요. 신하들이 반대하고 나설 것을 예상했기 때문이었지요.
예상대로 한글이 만들어지자 한글을 반대하는 상소문이 올라왔어요. 상소문을 쓴 것은 최만리였어요. 당시 양반들은 백성들이 글을 읽는 것을 좋아하지 않았어요. 중국 문자로 글을 읽는 것은 양반들이 가진 권력이라고 여겼기 때문이지요. 최만리는 한글을 쓰지 말아야 하는 이유를 여러 관점에서 주장했어요. 하지만 이 상소문 덕분에 우리는 훈민정음이 만들어진 과정을 더 자세히 알 수 있게 되었어요.

상소 임금에게 글을 올리던 일. 혹은 올린 글.

백성들이 억울하지 않게 하라!

세종은 백성들이 잘살기 위해서는 억울한 일이 없어야 한다고 생각했어요. 그리고 더 좋은 나라를 만들기 위해 백성을 가르치는 것도 필요하다고 생각했지요. 그러기 위해서는 백성들이 편히 읽고, 쓸 수 있는 문자가 필요했어요.

"우리는 글을 모르니 억울한 일이 있어도 상소를 올릴 수 없군!"

"그러게 말일세. 한자를 모르니 하얀 것은 종이요, 검은 것은 글자라는 것만 구분이 되는군."

조선에서 사용하는 한자는 하루 종일 농사일에 지친 백성들이 배우고 익히기에는 너무 어려웠어요. 또 한자는 우리가 하는 말과 소리가 달라서 더 어려웠어요.

세종은 백성들이 편히 배워 쓸 수 있는 문자를 만들어야겠다고 생각했어요. 그래서 문자 연구에 들어갔지요. 연구를 하려면 우선 충분한 시간이 필요했어요. 세종은 조용히 세자를 불렀어요.

"세자, 잠시 나랏일을 맡아 다오."

"아버님, 왜 그러십니까? 혹시 몸이 불편하신지요?"

"아니다. 내가 우리나라의 문자를 만들기 위해서니라."

세종의 말에 세자와 인척들이 돕겠다고 했고, 세종은 본격적으로 문자 창제에 뛰어들었지요. 세종은 이 일을 알리지 않았지요.

어느 날 세종은 의원을 불러 발음 기관에 대해 물었어요.

"소리를 내는 기관이 어찌 생겼는지 좀 알려 주게."

의원은 왕이 왜 이런 것을 묻는지 의아했지만 자신이 알고 있는 목, 코, 이, 혀 등의 구조를 열심히 설명했어요. 세종은 의원의 설명을 유심히 듣고 입술 모양을 유심히 살폈어요. 모두 문자를 만들 때 필요했기 때문이에요. 세종은 소리를 기록하는 표음 문자를 만들고 싶었어요. 사람이 어떤 식으로 소리를 내는지 발음 기관의 구조를 통해 이해하고, 하늘과 땅과 사람의 모습을 넣어 문자를 만들고 싶었지요.

인척 혼인에 의하여 맺어진 친척.
창제 전에 없던 것을 처음으로 만들거나 제정함.
의원 옛날에 의사와 의생을 뜻하는 말.
발음 기관 동물체의 소리를 내는 기관.
표음 문자 사람의 말소리를 기호로 나타내는 문자.

Q1 반짝퀴즈

세종은 글자를 만들기 위해 □□□□의 구조를 연구했다.

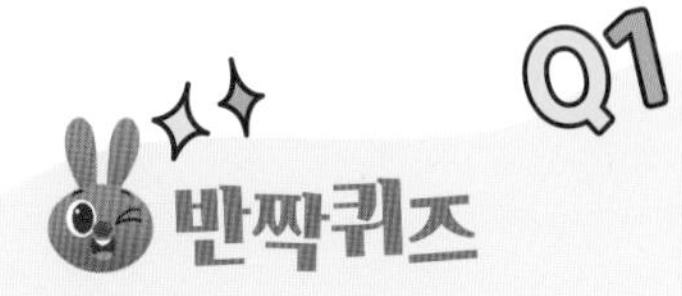

훈민정음의 우수성
훈민정음은 모든 소리를 글자로 표현할 수 있는 표음 문자예요. 이것은 자음과 모음을 합쳐서 글자가 되는 과학적인 원리 때문이지요.
세종은 자음 'ㄱ, ㄴ, ㅁ, ㅅ, ㅇ'을 입과 목구멍 모양을 본떠서 만들었어요. 그리고 모음은 세상을 이루는 하늘[•], 땅[ㅡ], 사람[ㅣ]을 본떠서 만들었지요. 훈민정음의 우수성은 세계가 인정하고 있으며, 한글 창제의 원리가 담긴 『훈민정음해례본』은 유네스코 세계 기록 유산으로 등재되어 있어요.

반포 세상에 널리 퍼뜨려 모두 알게 함.

한나절이면 배우는 글자, 훈민정음

세종은 밤낮없이 우리글을 연구해서 몇 년 뒤에 문자를 완성했어요. 문자의 이름은 백성을 가르치는 바른 소리라는 뜻으로 '훈민정음'이라고 지었어요. 그리고 백성들에게 이 사실을 알리려고 했어요.

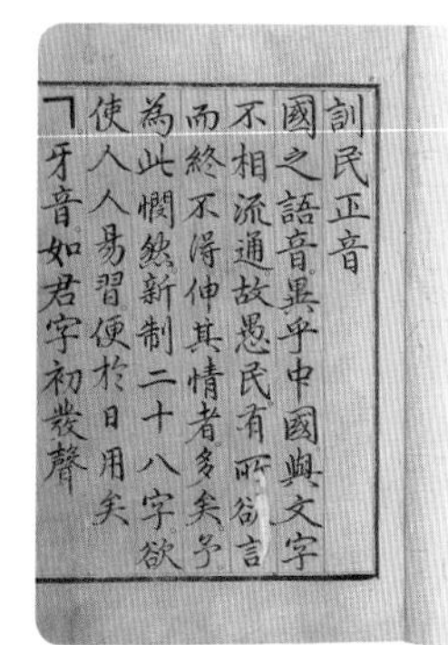

訓民正音
國之語音異乎中國與文字
不相流通故愚民有所欲言
而終不得伸其情者多矣予
為此憫然新制二十八字欲
使人人易習便於日用矣
ㄱ牙音如君字初發聲

『훈민정음해례본』

"전하, 한자를 통해 중국의 문화를 배웠는데 새로운 글자를 쓴다면 중국이 싫어할 것입니다. 그리고 훈민정음을 쓰면 중국 문화와 멀어져 오랑캐와 다를 것이 없습니다."

최만리와 일부 신하들이 반대하고 나섰어요. 하지만 세종은 훈민정음 반포를 미룰 수 없었어요.

"우리말과 한자의 소리가 달라 얼마나 불편한가? 그래서 백성들이 글을 배우기 힘드니 글자를 만들어 편히 쓰게 하려는 것이네."

이렇게 세종은 1443년에 완성한 훈민정음을 1446년에 온 백성에게 알렸어요.

"음, 'ㄱ'에 'ㅏ'를 붙이면 '가'가 되는 거야."

"그럼, 'ㄴ'에 'ㅏ'를 붙이면 '나'가 되겠네."

"훈민정음은 쉬워서 한나절만 익히면 읽고 쓸 수 있어."

훈민정음은 자음과 모음 28자만 배우면, 자음과 모음을 합해 어떤 글자든 만들 수가 있어 쉽고 편했어요. 게다가 자음의 생김새는 소리를 낼 때 쓰는 입과 목 등의 모양과 닮아서 더 쉬웠지요. 의원에게 들었던 목과 입 모양을 잊지 않고 글자 모양에 담은 것이지요.

세종은 훈민정음을 만든 원리와 사용 방법을 담은 책 『훈민정음해례본』을 만들었어요. 그리고 훈민정음을 사용해서 쓴 책 『훈민정음 언해본』도 만들었지요. 또, 훈민정음으로 조선 왕조를 찬양하는 시 『용비어천가』를 신하들과 지어서 발표했어요.

훈민정음이 만들어진 뒤 양반들은 훈민정음을 '언문'이라고 낮춰 불렀어요. 하지만 훈민정음 사용에 적극적이었던 백성과 양반 여인들은 자신의 생각을 좀 더 쉽게 전달하여 억울한 일을 당하는 것을 줄일 수 있었지요.

언문 예전에, '한글'을 낮추어 부르던 말.

'백성을 가르치는 바른 소리'라는 뜻을 가진, 세종이 만든 우리 글자는 □□□□(이)다.

세종과 훈민정음 창제

- 세종은 백성들이 쉽고 편하게 우리글을 쓸 수 있도록 하기 위해 '훈민정음'을 만들었다(1433년).
- 훈민정음은 '백성을 가르치는 바른 소리'라는 뜻으로, 소리를 기록하는 표음 문자이다.
- 일부 신하들은 중국 글자를 사용해야 자신들에게 유리했기 때문에 한글 창제에 반대했다.
- 세종은 훈민정음을 1443년에 완성하여 1446년에 반포했다.
- 훈민정음이 만들어진 뒤 백성들은 생각을 쉽게 전달하고, 억울한 일을 알릴 수 있게 되었다.

1 (가)에 들어갈 세종의 말로 알맞은 것은 어느 것입니까? (　　　)

① "한자보다 예쁜 글자를 만들고 싶구나."
② "여자들이 사용할 문자를 만들려는 것이다."
③ "한자보다 어려운 문자를 만들기 위함이다."
④ "선비들이 배우기 쉬운 문자를 만들려는 것이다."
⑤ "백성들이 편히 쓸 수 있는 문자를 만들려는 것이다."

2 '훈민정음'에 대한 설명으로 맞으면 ○표, 틀리면 X표 하세요.

(1) 훈민정음은 집현전 학자들만 만들었다. (　　)
(2) 훈민정음을 높여서 '언문'이라고 불렀다. (　　)
(3) 자음은 하늘, 땅, 사람을 본떠서 만들었다. (　　)
(4) 훈민정음은 자음과 모음 28자로 구성되어 있다. (　　)
(5) 훈민정음은 소리를 글자로 나타내는 표음 문자이다. (　　)
(6) 훈민정음은 처음에는 양반보다 백성들과 여자가 많이 사용했다. (　　)

37회 기출 응용

3 (가)에 들어갈 문화유산에 ○표 하세요.

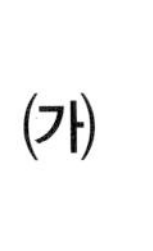

- 훈민정음의 창제 원리와 사용법이 담겨 있다.
- 유네스코 세계 기록 유산이다.

붙임 딱지 붙여요.

(1)『훈민정음해례본』

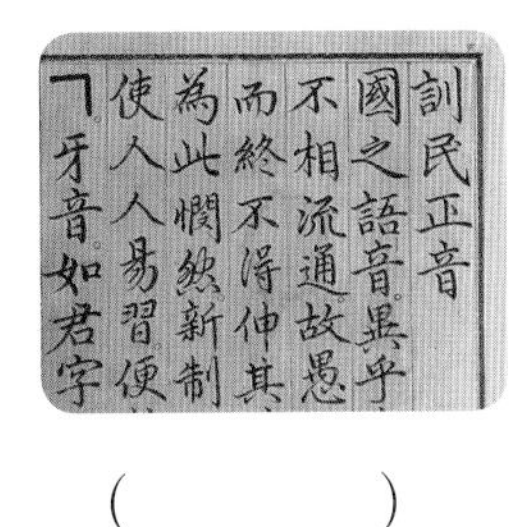

訓民正音
國之語音異乎
不相流通故愚
而終不得伸其
爲此憫然新制
使人人易習便
ㄱ牙音如君字

(　　　)

(2)『삼국유사』

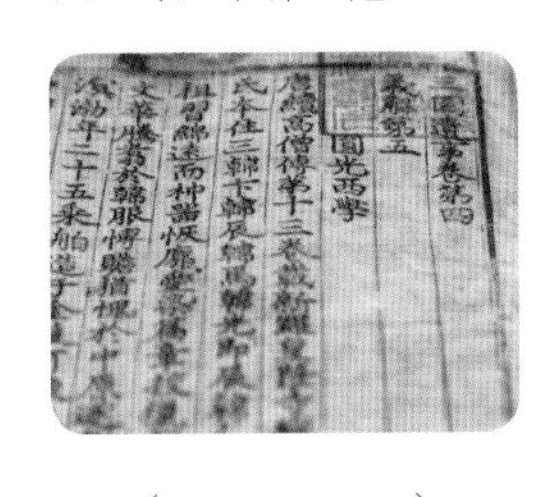

(　　　)

(3)『삼국사기』

(　　　)

카드 세계사

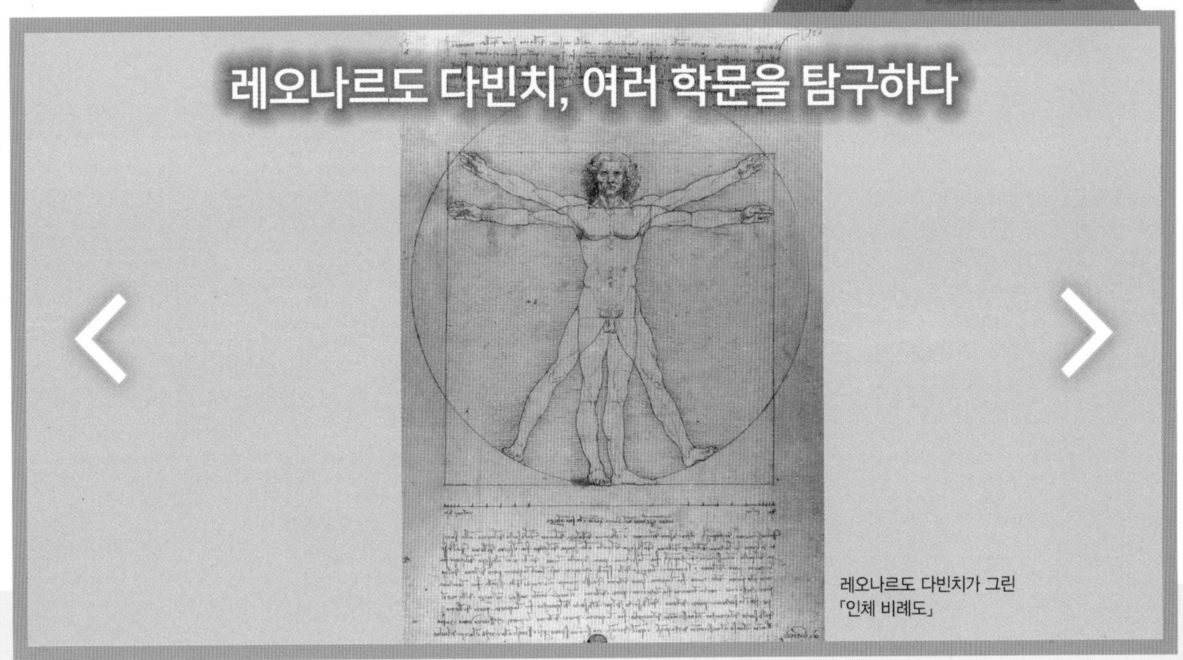

레오나르도 다빈치가 그린 「인체 비례도」

천재 임금 세종 대왕이 한글을 창제한 뒤 얼마 되지 않아 서양에도 레오나르도 다빈치라는 천재가 태어났어요. 다빈치는 「모나리자」, 「최후의 만찬」 등 세계적인 명화를 그린 화가이면서 발명가, 천문학자, 해부학자, 건축가이기도 했어요. 다빈치는 새를 관찰하여 비행기의 원리를 발견했고, 사람의 몸을 해부해 과학적으로 분석하여 기록하는 등 다양한 영역에서 탁월한 업적을 남겼어요.

해부학자 생물체의 일부나 전부를 갈라 헤쳐 그 내부 구조와 각 부분 사이의 관련과 원인 등을 조사하는 일을 하는 사람.

집현전은 무엇을 하던 곳인가요?

공부한 날짜: 월 일

『조선왕조실록』과 『세종실록』

『조선왕조실록』은 조선 태조 때부터 철종까지 25대 왕에 대한 기록과 시대 기록이 고스란히 담긴 책으로 무려 472년에 이르는 기록이에요. 이 책을 잘 보존하기 위해 춘추관과 지방인 성주, 충주, 전주에 사고를 만들어 모두 4곳에 각 1부씩 보관했어요. 그래서 전쟁 중에도 남아 오늘날까지 전해질 수 있었지요.

『조선왕조실록』 중 『세종실록』은 세종 재위 31년 7개월의 역사를 다루고 있어요.

『조신왕조실록』

최고의 인재들이 집현전으로 모이다

세종은 왕위에 오른 후 고려 때부터 있던 집현전을 개편했어요. 그리고 조선 최고의 인재들을 모아서 집현전 학사로 뽑았지요. 학사들이 하는 일은 학문을 연구하는 것이었어요. 유학을 연구하고, 중국의 제도와 정책을 연구하여 조선에서 활용할 수 있도록 했어요.

그리고 백성들에게 필요한 농사법과 천문학, 유교 예절 등 조선 사회에 필요한 모든 학문을 연구했지요. 이때 학사로 뽑힌 신숙주, 정인지, 성삼문, 박팽년 등 약 100명은 집현전에서 학문을 끊임없이 연구했지요.

세종은 집현전 학사들과 함께 학문 연구하는 것을 좋아했어요.

"전하, 밤이 늦었사옵니다."

"밤늦도록 책을 읽는 학사가 있으니 나도 함께 책을 읽고 싶구나. 그리고 학사들이 학문 연구에 불편함이 없도록 도울 것이다."

이런 세종의 관심에 보답하듯 집현전 학사들은 백성들에게 필요한 연구 내용을 책으로 만들어 냈어요.

먼저 눈에 띄는 것은 역사 연구였어요. 세종 때부터 시작된 고려 역사 연구는 다음 왕까지 이어져 139권이나 되는 『고려사』로 완성되었어요. 그리고 유교에서 중시하는 효와 충, 예를 가르치기 위해 『효행록』과 『삼강행실도』 등도 만들었어요.

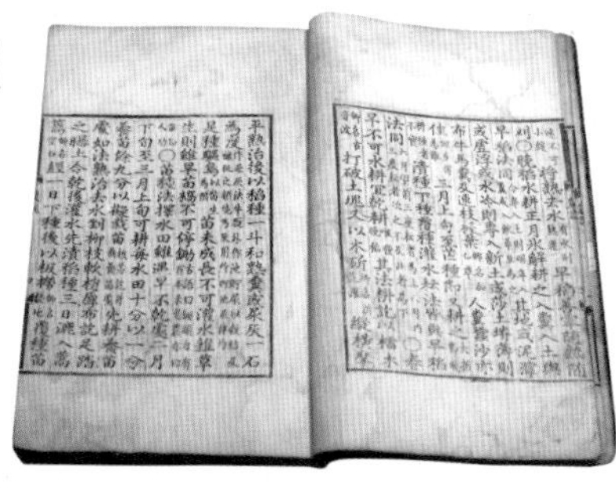
『농사직설』

또 세종은 농사짓는 백성들을 걱정하여 정초에게 농사법에 대한 책을 만들라고 했어요. 정초는 지방의 사정을 알기 위해 노력했어요.

"지방마다 농사 잘 짓는 사람들의 농사법을 조사해 오게."

정초는 조사한 농사법을 정리하여 『농사직설』이라는 책을 지었어요. 이 책은 실제 농민의 경험이 담겨서 백성들의 농사에 많은 도움이 되었지요. 이 밖에도 백성들의 건강을 염려하여 『향약집성방』과 『의방유취』라는 의학책이 만들어졌어요.

집현전 고려 이래 조선 초기까지 학문 연구를 위해 궁중에 설치한 기관.
학사 학술 연구에 전념하는 사람.
정초 세종 때 관리로 지방의 농사법을 정리하여 『농사직설』을 지음.
향약집성방 세종 때 간행된 우리나라에서 나는 약재에 관한 의약서.
의방유취 세종 때 편찬된 동양 최대의 의학 사전.

Q1 반짝퀴즈

세종은 최고의 인재들을 □□□에 모아서 학문을 연구하게 했다.

□□□

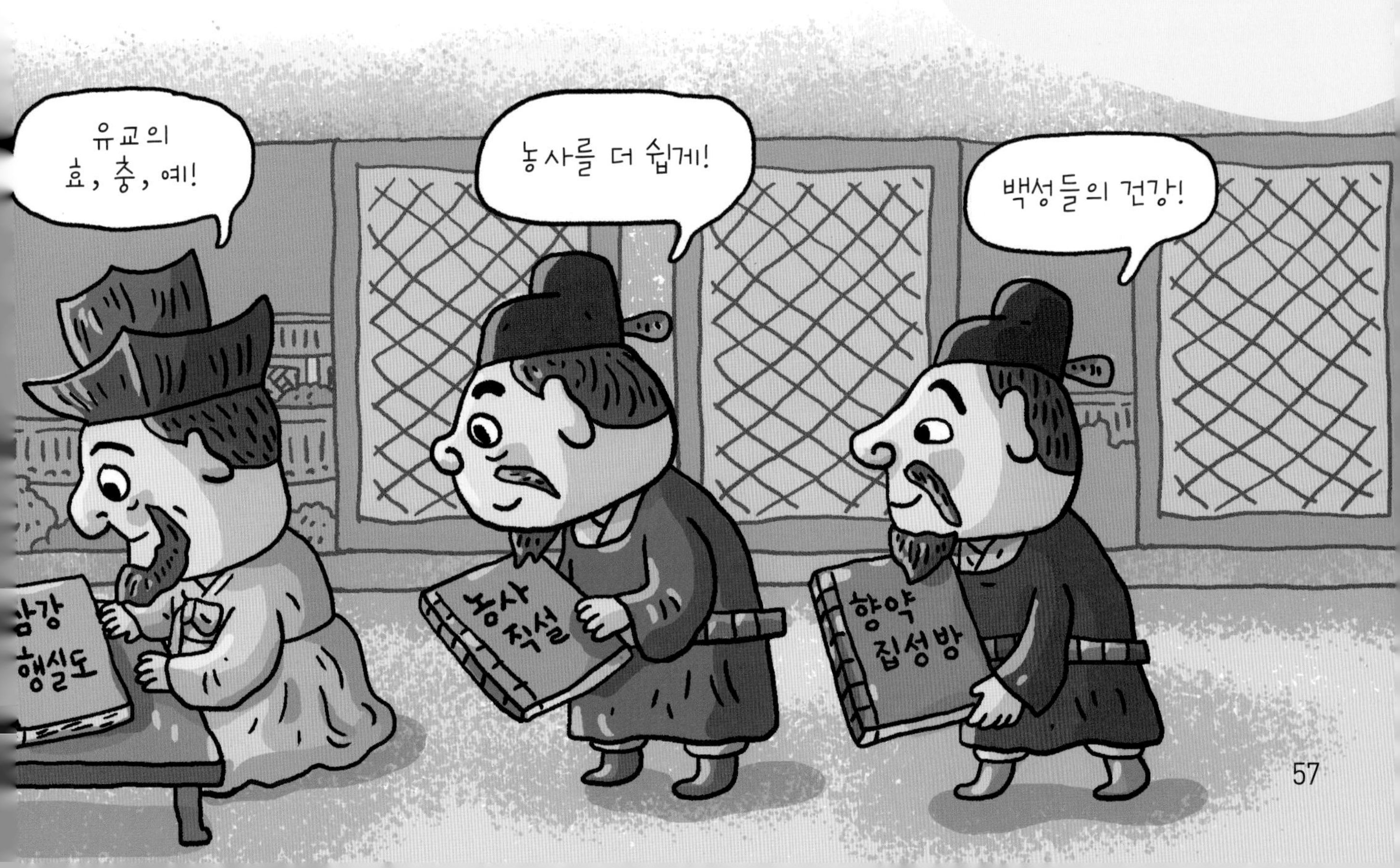

4군 6진

4군 6진은 여진족을 몰아낸 뒤 군사적 목적으로 만든 행정 구역을 말해요. 4군은 압록강 상류 지역의 여연, 자성, 무창, 우예를 말하고, 6진은 두만강 하류의 종성, 온성, 회령, 경흥, 경원, 부령을 말해요. 모두 북쪽 국경선 지역이라 여진족의 침입이 잦았던 곳이지요.

세종은 최윤덕과 이천을 평안도 절제사로 임명해 여진족을 몰아냈어요. 최윤덕과 이천은 압록강 상류에 4군을 설치하고 성을 쌓아 방어 진지를 마련했지요. 그 뒤 세종은 김종서를 함경도 절제사로 보내 여진족을 몰아냈어요. 김종서도 두만강 하류에 6진을 설치했지요. 이렇게 4군 6진이 완성된 뒤 세종은 남쪽의 백성들을 이주시켜 살게 했어요.

세종, 인쇄술을 발전시키고 국방을 튼튼히 하다

세종 때 역사부터 의학까지 다양한 책이 만들어진 것은 이유가 있었어요. 바로 많은 책을 찍을 수 있는 뛰어난 인쇄 기술이 조선에 있었기 때문이지요.

인쇄술의 발전은 활자의 발전과 함께 이루어진 것이에요. 최초의 금속 활자를 만든 나라답게 조선도 활자에 대한 관심이 높았어요. 태종은 활자를 만드는 관청인 '주자소'를 만들고 '계미자'라는 금속 활자를 만들었어요. 구리로 만든 '계미자'는 조선 시대 최초의 금속 활자로 글자 모양이 고른 편이었지만 불편한 점이 있었어요. 이 점을 고쳐서 세종 때 '경자자'라는 활자가 만들어졌어요. 그런데 경자자는 글자체가 가늘고 빽빽한 단점이 있었어요. 세종은 이천, 장영실, 김돈 등에게 새로운 활자를 만들라고 지시했어요. 이들의 노력으로 정교하고 반듯한 모양의 활자인 '갑인자'가 완성되었어요.

좋은 활자를 만들었으니 좋은 종이도 필요했어요. 세종은 태종 때 설치한, 종이를 만드는 관청 '조지소'에서 종이를 만들게 했어요.

그 덕분에 우리는 조선 시대 역사와 문화가 담긴 많은 책을 볼 수 있게 되었지요.

세종은 군사적인 부분에서도 뛰어난 업적을 남겼어요. 세종은 도적질을 일삼는 왜구를 혼내 주기 위해 이종무를 쓰시마섬에 보내 혼쭐을 냈어요. 그러자 왜구는 한동안 조선을 공격하지 못했지요. 그런데 북쪽은 여진족이 문제였어요. 세종은 최윤덕과 김종서를 보내 압록강과 두만강 근처의 여진족을 몰아내게 했어요. 여진족을 몰아낸 곳에는 4군 6진을 설치하여 조선의 땅을 지키게 하고, 백성들도 옮겨 와 살게 했어요. 이때 오늘날과 같은 우리나라 국경선이 완성되었답니다.

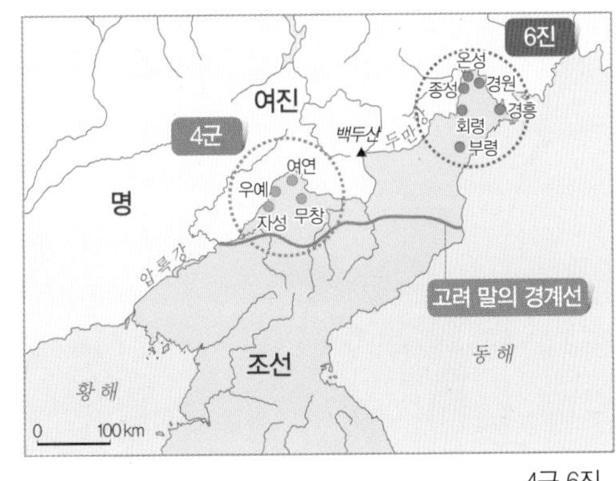

4군 6진

금속 활자 놋쇠, 납, 무쇠 등을 녹여 부어 만든 활자.
쓰시마섬 일본 나가사키 현에 딸린 섬. 우리나라 사람들은 대마도라고 부름.
국경선 나라와 나라의 경계가 되는 선.

반짝퀴즈

세종 때 여진족을 몰아내고 □□ □□을/를 설치해 조선의 영토를 넓혔다.

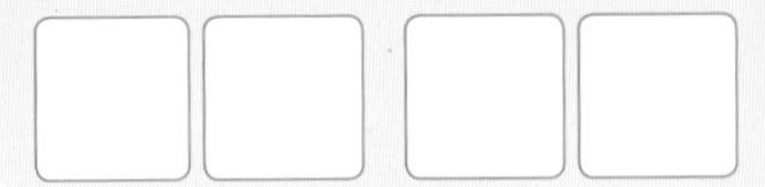

세종 때 학문 연구와 국방

- 세종은 조선 최고의 인재들을 모아 집현전에서 학문을 연구하게 했다.
- 세종 때 『농사직설』, 『삼강행실도』, 『향약집성방』, 『의방유취』 등 다양한 책이 만들어졌다.
- 세종 때 금속 활자의 발달로 인쇄술이 발전하여 많은 책이 만들어졌다.
- 세종 때 이종무가 쓰시마섬을 정벌해서 왜구가 한동안 조선에 침입하지 못했다.
- 세종 때 압록강과 두만강 주변의 여진족을 몰아내고 4군 6진을 설치하여 영토를 넓혔다.

1 다음 대화에서 말하는 책의 제목은 무엇입니까? (　　　　　)

① 『효행록』　② 『의방유취』　③ 『농사직설』
④ 『삼강행실도』　⑤ 『향약집성방』

2 선생님의 질문에 바르게 답하지 <u>못한</u> 것은 어느 것입니까? (　　　　　)

① 이종무의 활약으로 설치되었어요.
② 여진족을 몰아낸 자리에 설치했어요.
③ 4군 6진에 조선 백성들을 옮겨 살게 했어요.
④ 조선의 영토가 압록강과 두만강까지 넓혀졌어요.
⑤ 4군 6진 설치로 조선의 국경선이 북쪽으로 더 올라갔어요.

42회 기출 응용

3 ㈎에 들어갈 내용으로 알맞은 것은 어느 것입니까? (　　　　　)

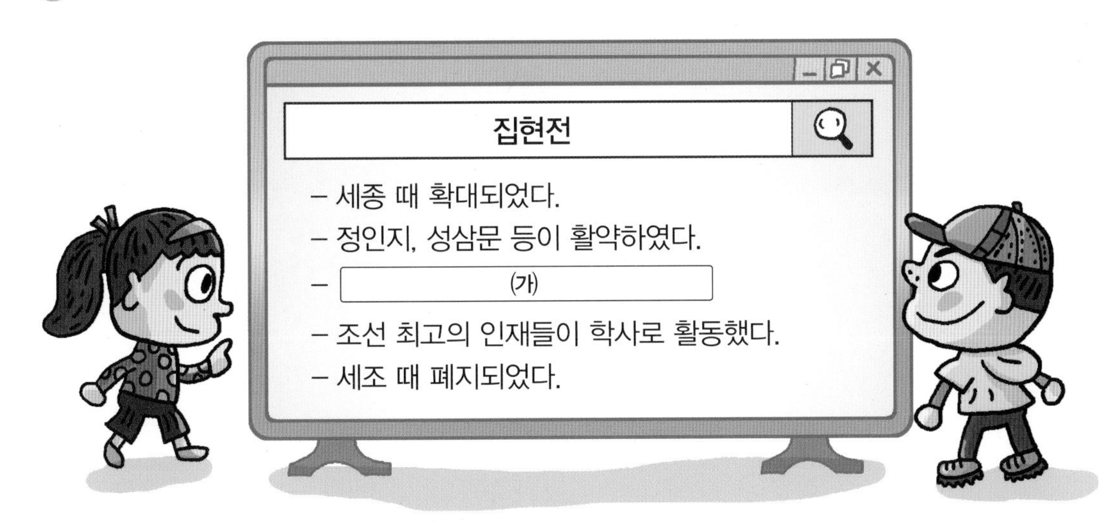

① 군사를 양성했다. ② 학문을 연구했다. ③ 의학을 연구했다.
④ 왕실의 그림을 담당했다. ⑤ 조선의 외교를 담당했다.

카드 세계사

조선에서 금속 활자 '갑인자'가 만들어질 즈음, 서양에서도 인쇄술이 크게 발전했어요. 바로 독일의 구텐베르크 덕분이었지요. 구텐베르크는 자신이 가진 금속 세공 기술을 이용하여 서양 최초로 금속 활자를 발명했어요. 이것을 바탕으로 서양에서는 인쇄 기술이 크게 혁신되면서 베껴 쓰거나 목판으로 찍는 인쇄의 한계를 뛰어넘게 되어 많은 사람들이 쉽게 책과 성경을 읽을 수 있게 되었지요.

금속 세공 금속을 세세하게 다루는 것.
목판 나무에 글이나 그림 등을 새긴 인쇄용 판.

앙부일구와 자격루는 누가 만들었나요?

공부한 날짜: 월 일

『칠정산』
『칠정산』은 조선 세종 때 이순지 등이 왕명으로 펴낸 역법 책이자 달력이에요. 『칠정산』의 칠정은 해와 달, 화성, 수성, 목성, 금성, 토성을 가리켜요. 『칠정산』에는 한양을 기준으로 해와 달, 수성, 목성, 금성, 토성의 위치를 계산하는 방법이 들어 있어요.
『칠정산(내편)』은 한양을 기준으로 중국의 역법을 고쳐서 만들었고, 『칠정산(외편)』은 아라비아의 천문학을 중심으로 역서를 다시 해석하여 만들었지요. 『칠정산』을 통해 조선 시대 천문학의 발전 모습을 알 수 있어요.

천문학 우주와 별의 온갖 현상과 그에 포함된 법칙성을 연구하는 학문.
관측기구 관찰 또는 측정하는 데 쓰는 기구.

농사에 필요한 과학 기술을 연구하다

백성들의 생활을 늘 걱정했던 세종은 농사에 필요한 과학 기술에도 관심이 많았어요. 농사가 잘되어야 백성들이 걱정 없이 살 수 있기 때문이에요. 그래서 세종은 학자들에게 천문학을 연구하게 했어요.

농사는 언제 씨를 뿌리고 거름을 주어야 하는지 시기가 매우 중요한데, 그 답은 하늘에 있었어요. 하늘의 별과 달, 태양은 계절과 시간에 따라 모양과 위치가 달라지기 때문이에요. 그러니까 하늘을 관찰해서 계절과 시기를 알아 두면 농사에 큰 도움이 되었지요.

세종의 명령을 받은 정인지와 정초는 하늘을 관찰할 천문 관측기구를 연구했어요. 여러 책을 찾아보고, 우리에게 알맞은 천문 관측기구를 설계했지요. 그리고 솜씨 좋은 장영실에게 맡겨 기구를 만들게 했어요.

"전하, 혼천의와 간의를 완성하였사옵니다."

"혼천의와 간의라?"

"이것은 모두 하늘의 별을 관측하는 기구이옵니다."

"오, 정말 훌륭하오. 이제 우리의 하늘을 관측하여 우리 백성에게 필요한 농사 정보를 널리 알리시오."

혼천의

혼천의는 별의 움직임을 관측하는 천문 관측기구이고, 간의는 혼천의보다 간단한 구조로 만들어 관측을 편리하게 하는 기구예요. 천문학자들은 높게 돌을 쌓아 올린 후 그 위에 혼천의를 두고 매일 밤하늘의 별을 관측하기 시작했어요.

천문학자들은 하늘을 관찰하면서 우리에게 알맞은 역법을 담은 『칠정산』이라는 천문학 책을 완성했어요. 역법은 하늘의 별이 주기적으로 움직이는 것을 통해 시간과 날짜를 정하는 것을 말해요. 『칠정산』은 다른 나라의 역법을 그대로 받아들여서 정확하지 않았던 것을 우리나라에 맞게 고친 달력이기도 했지요.

역법 천체의 주기적 현상을 기준으로 하여 세시를 정하는 방법.

반짝퀴즈 Q1

세종의 명령으로 정초와 정인지가 천문 관측기구인 □□□와/과 간의를 설계하였다.

측우기와 농사
측우기는 세종 때 발명된 빗물의 양을 재는 측정 기구예요. 빗물의 양은 농사에 매우 중요해요. 『세종실록』에는 세종의 아들 세자가 가뭄을 걱정하여 비가 온 후 땅을 파서 빗물이 배어든 것을 관찰하다가 원통형의 기구를 설치했다는 기록이 있어요. 그래서 측우기는 세자의 생각으로 장영실이 만든 것이 아닐까 여기는 의견도 있지요.

측우기

실물 실제로 있는 물건.

장영실, 신분을 뛰어넘어 최고의 과학자가 되다

세종 때 천문학의 발전은 시간에 대한 생각도 변화시켰어요. 해가 뜨고 지는 것으로 시간의 흐름을 느끼던 백성들은 해시계가 만들어지면서 시간에 대해 자세히 알 수 있었지요.

해시계를 만든 사람은 장영실이었어요. 장영실은 노비였지만 과학적으로 문제를 해결하는 재능이 뛰어났고, 그 생각을 실물로 만들어 내는 솜씨도 뛰어났어요. 이런 장영실의 능력을 유심히 살핀 세종은 장영실을 중국으로 보내 공부하게 했지요.

"장영실을 중국으로 보내 앞선 천문 기술을 배우게 하라!"

"전하, 노비에게 중국 유학이라니요?"

"장영실의 솜씨를 키워 나라를 발전시키는 일이니 어서 보내거라."

장영실은 세종의 말대로 조선으로 돌아와 해시계 '앙부일구'를 만들었어요. 세종은 크게 기뻐하며 앙부일구를 종묘와 혜정교에 설치하여 지나는 백성들이 편히 시계를 볼 수 있게 했어요.

하지만 해의 그림자로 시간을 알려 주는 앙부일구는 비가 오거나 흐린 날에는 쓸모가 없었어요. 탐구심이 많은 장영실은 물을 이용한

시계를 만들기로 했어요.

"이 거대한 것은 무엇이냐?"

"이것은 떨어지는 물방울로 시간을 알려 주는 물시계 '자격루'라 하옵니다. 위에 있는 큰 항아리에서 떨어지는 물방울이 아래 작은 항아리로 다시 흘러 잣대가 떠오르면 구슬이 떨어지게 됩니다. 떨어진 구슬은 지렛대를 건드려 쥐, 소, 범 등 인형이 시간을 알리는 종을 치게 되는 것입니다."

앙부일구

세종은 장영실의 솜씨에 감탄했지요. 장영실은 이후 빗물의 양을 재는 측우기도 만들었어요. 계절의 변화와 비의 양을 아는 것은 농사를 짓는 데 아주 중요한 정보였기 때문이에요. 세종과 장영실 같은 과학자들의 노력으로 백성들은 농사에 큰 도움을 얻고, 수확물도 늘었답니다.

잣대 자로 쓰는 막대기.
지렛대 무거운 물건을 움직이는 데에 쓰는 막대기.
수확물 거두어들인 농작물.

□□□은/는 앙부일구와 자격루를 만들어 조선의 과학 발전에 큰 공을 세웠다.

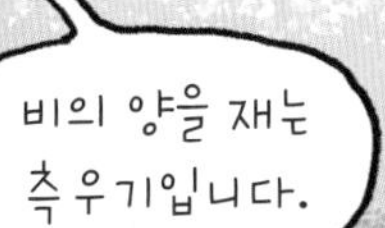

세종 때 과학 기술의 발전

- 세종은 과학 기술에 관심이 많아서 학자들에게 여러 과학 기구를 만들게 했다.
- 정인지와 정초는 혼천의, 간의 등을 설계하고, 이를 바탕으로 『칠정산』을 만들었다.
- 장영실은 시간을 알려 주는 기구인 앙부일구, 자격루와 비의 양을 재는 기구인 측우기를 만들었다.
- 세종 때 발전한 과학 기술은 농사에 큰 도움을 주었고, 이로 인해 수확물도 늘어났다.

1 세종 때 과학 기술을 보여 주는 문화유산을 모두 찾아 ○표 하세요.

(1) 혼천의 (　　　)

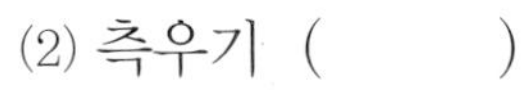

(2) 측우기 (　　　)

(3) 앙부일구 (　　　)

(4)『직지심체요절』(　　　)

2 (가)에 들어갈 책의 제목은 어느 것입니까? (　　　　　)

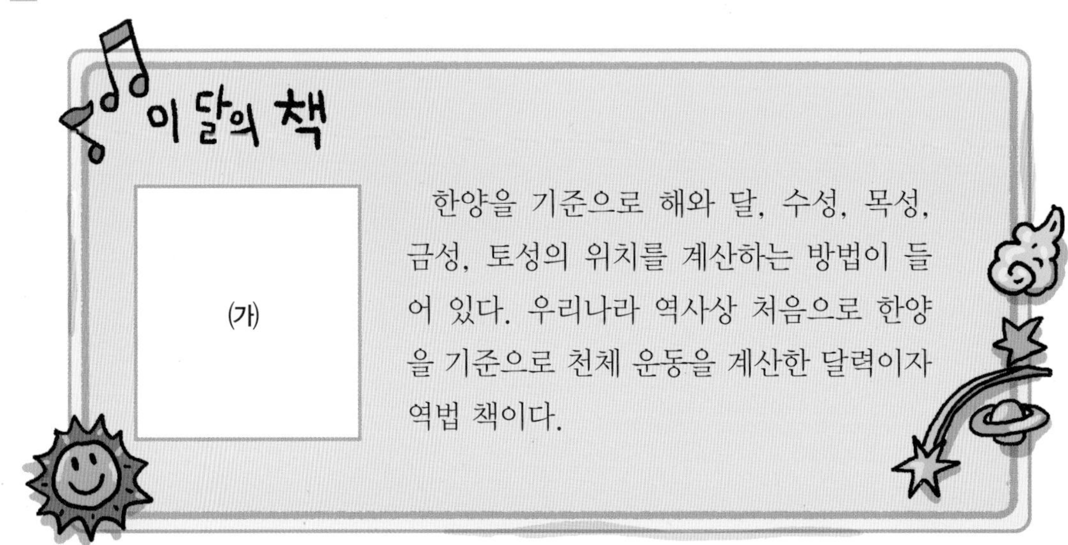

이 달의 책

(가)

한양을 기준으로 해와 달, 수성, 목성, 금성, 토성의 위치를 계산하는 방법이 들어 있다. 우리나라 역사상 처음으로 한양을 기준으로 천체 운동을 계산한 달력이자 역법 책이다.

① 『칠정산』　② 『동의보감』　③ 『농사직설』

④ 『삼국유사』　⑤ 『조선왕조실록』

43회 기출 응용

3 다음 대화에서 말하고 있는 과학 기구의 이름을 쓰세요. (   )

붙임 딱지 붙여요.

「최후의 만찬(레오나르도 다빈치)」에 표현된 원근법

조선에 과학 기술이 발전할 즈음 유럽의 미술계에서는 원근법에 대한 관심이 높았어요. 원근법은 평면에 그리지만 눈에 보이는 대로 물체를 크거나 작게 표현해 입체적으로 보이게 하는 방법이에요. 레오나르도 다빈치, 미켈란젤로, 라파엘로 등 르네상스 시기의 화가들이 중시한 원근법은 당시 사람들이 실질적인 것, 현실적인 것에 관심이 높았음을 알려 주지요.

르네상스 14~16세기에 서유럽 문명사에 나타난 문화 운동.

『경국대전』은 어떤 책인가요?

공부한 날짜: 월 일

『경국대전』, 세조가 시작하고 성종이 완성하다

세종 때 조선은 큰 발전을 이뤘어요. 하지만 이후 왕위 다툼으로 혼란을 겪어요. 세종에 이어 왕위에 오른 문종이 2년 만에 죽자 단종이 어린 나이에 왕이 되고, 신하들은 이 틈을 타 권력을 차지하려 하지요. 그러자 단종의 작은아버지인 수양 대군이 단종을 왕위에서 끌어내리고 왕이 돼요. 그 왕이 바로 세조예요.

세조는 다시 왕권을 키우기 위해 노력하고, 세조의 노력이 밑바탕이 되어 조선은 성종 때 다시 태평성대를 누리게 되지요.

성종은 학문을 사랑하는 왕이었어요. 세종에게 집현전이 있었다면 성종에게는 홍문관이 있었어요. 성종은 홍문관으로 조선의 인재를 모았지요. 홍문관에서의 활동은 집현전과 비슷했어요. 홍문관의 인재들은 조선의 책과 문서를 관리하고 이곳에서 임금과 함께 학문을 연구했지요.

세조의 왕권 강화
세조는 단종을 끌어내리고 왕이 된 냉정한 인물로 보는 사람도 많아요. 세조는 왕이 된 후에 태종처럼 왕권 강화를 위한 노력을 기울여요. 태종처럼 6조를 직접 지휘하고, 현직 관리만 토지에 세금을 걷을 수 있는 직전제를 만들고, 호패법도 다시 시행하지요. 세조의 노력이 바탕이 되어 성종 때 다시 조선의 태평성대를 이룰 수 있었다는 평가도 있지요.

홍문관 고려 때에 궁궐의 책과 문서를 관리하던 관청이었는데, 조선 성종 때 와서 인재를 양성하는 곳의 역할을 함.

성종의 뒷받침을 받으며 학문 연구에 힘쓴 결과 이 시기에는 다양한 책이 만들어졌어요. 역사책『동국통감』부터 음악 책『악학궤범』, 시와 문장을 모아 놓은『동문선』, 농사법을 담은『금양잡록』, 유교 의식을 정리한『국조오례의』, 조선 8도의 지리와 풍속, 인물 등에 대해 자세히 기록한 지리 책『동국여지승람』 등이 있어요. 이 많은 책 중 가장 의미가 있는 것은 세조 때부터 만들기 시작한 법전인『경국대전』이 완성되었다는 것이에요. 유교의 나라를 만들겠다는 목표로 건국된 조선은『경국대전』을 완성하면서 유교 사상에 알맞은 통치 기준이 만들어진 것이지요.

경국대전 조선 시대에 통치의 기준이 된 최고의 법전.

"드디어 조선의 법전인『경국대전』이 완성되었다. 모두 다 이 책을 살펴 백성을 덕으로 다스리는 데 소홀히 하지 말라!"

성종은『경국대전』을 통해 조선의 정치를 안정시키고 사회 질서를 바로잡으려 애썼어요.

성종은 책과 문서를 관리하던 관청인 □□□을/를 더욱 활성화했다.

학문을 장려한 성종
성종의 성(成)은 '이루다'는 뜻을 담은 한자예요. 성종이 『경국대전』을 완성하고, 학문과 문화의 발전을 이루었기 때문이지요.
성종은 학문 발전을 위해 학문이 뛰어난 유학자에게 과거 시험을 보게 하여 관리로 뽑고, 관리에겐 휴가를 주어 더 많은 책을 읽게 했어요. 유학을 공부하는 성균관과 향교에는 책을 제공하고, 걱정 없이 공부할 수 있도록 땅을 내리는 등 지원을 아끼지 않았어요.

형벌 범죄와 형벌에 관한 법률 체제.

『경국대전』이 생활의 기본이 되다

『경국대전』은 백성들을 다스리기 위한 기본서나 마찬가지였어요. 관리를 어떻게 뽑고 임명하는지, 그리고 그 일을 하는 왕실과 관리들은 어떻게 해야 하는지에 대해 자세히 담겨 있었지요.

세금에 대한 것과 과거 시험에 대한 것은 물론 흉년이 들었을 때 관리가 해야 하는 일, 군사와 관련된 일, 죄인에게 형벌을 내리는 일, 집과 도로 공사를 할 때의 일까지 나랏일의 기준이 모두 들어 있었어요. 이렇게 『경국대전』을 따라 하다 보니 자연히 백성들의 생활 모습도 달라졌어요.

"나리, 제가 집을 한 채 샀습니다. 어찌하면 좋을까요?"

"음, 『경국대전』을 보면 말이야. 땅이나 집을 사면 100일 안에 관청에 보고해야 하네."

"아, 그렇군요. 100일이 지나기 전에 관청에 가겠습니다."

『경국대전』에는 백성들의 생활을 돌보기 위한 기준들도 있었어요.

"동네 청년들이 군대에 가야 한다던데 내 걱정은 말고 군대에 다녀오거라."

"아버지, 전 군대에 가지 않아도 된답니다."

"그게 무슨 말이냐?"

"『경국대전』에 보면 부모님이 편찮으시거나 연세가 70세를 넘으면 그 아들은 군대의 의무를 지지 않아도 된다는군요."

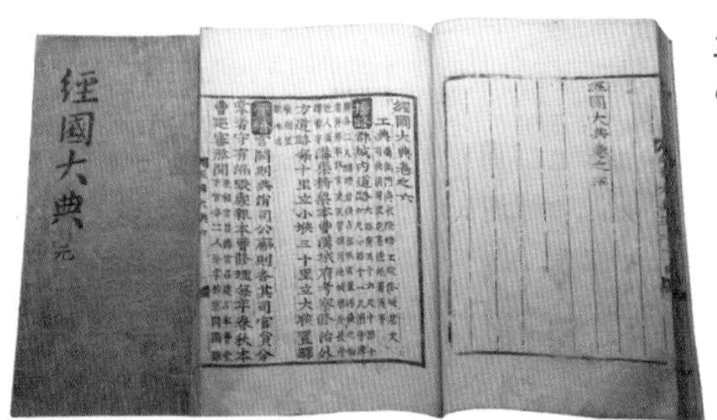
『경국대전』

휴가 일정한 기간 동안 쉬는 일. 또는 겨를.

『경국대전』에는 노비 여성이 아기를 낳으면 90일 동안 쉬게 하라는 출산 휴가에 대한 내용이 있고, 필요한 경우 남편도 출산 휴가를 신청할 수 있다고 쓰여 있어요. 그리고 혼인은 남자는 15세, 여자는 14세에 할 수 있도록 했어요. 이같이 『경국대전』은 백성에게 필요한 법을 세심하게 담고 있었지요.

성종 때 백성들을 유교로 다스리기 위한 법전인 『□□□□』이 완성되었다.

『경국대전』의 완성과 사회 변화

- 성종은 홍문관에 인재를 모아 함께 연구하며 백성을 덕으로 다스리려고 노력했다.
- 성종 때에 『동국통감』, 『악학궤범』, 『국조오례의』, 『동국여지승람』 등이 편찬됐다.
- 건국 초 유교의 나라를 세우려던 조선은 성종 때 『경국대전』을 완성하면서 목표를 이루었다.
- 『경국대전』은 조선의 기본 법전으로, 백성들을 다스리기 위한 기본서였다.
- 관리를 비롯한 백성들은 생활에 필요한 법을 『경국대전』에서 찾아 실천했다.

1 ㈎에 들어갈 댓글로 알맞은 것은 어느 것입니까? (　　　　　)

① 유학을 멀리했어요.

② 4군 6진을 설치했어요.

③ 『경국대전』을 완성했어요.

④ 뛰어난 유학자를 관리로 쓰지 않았어요.

⑤ 집현전을 개편하고 『훈민정음』을 창제했어요.

2 다음 질문에 바르게 답한 친구에 ○표 하세요.

46회 기출 응용

3 (가)에 들어갈 알맞은 책의 제목은 어느 것입니까? (　　　　　)

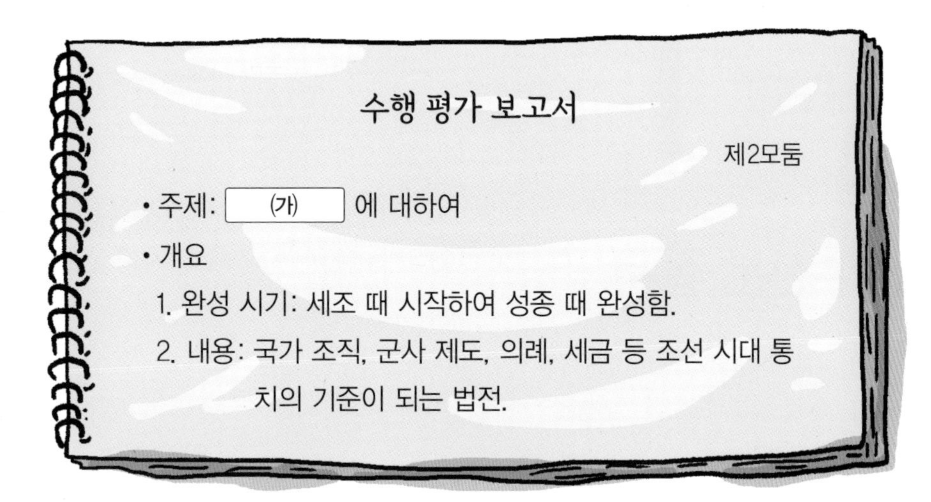

수행 평가 보고서

제2모둠

- 주제: (가) 에 대하여
- 개요
  1. 완성 시기: 세조 때 시작하여 성종 때 완성함.
  2. 내용: 국가 조직, 군사 제도, 의례, 세금 등 조선 시대 통치의 기준이 되는 법전.

① 『고려사』　② 『훈민정음』　③ 『경국대전』
④ 『용비어천가』　⑤ 『동국여지승람』

2주 5일 학습 끝!

붙임 딱지 붙여요.

카드 세계사

영국, 장미 전쟁이 끝나다

조선에서 『경국대전』이 시행되던 때에 영국에서는 30여 년 동안 이어진 장미 전쟁이 끝났어요. 장미 전쟁은 왕위를 두고 싸움을 벌인 두 가문의 문장이 붉은 장미와 하얀 장미였기 때문에 붙여진 이름이에요. 영국은 1455년부터 붉은 장미의 랭커스터 가문과 하얀 장미의 요크 가문이 싸우며 앞다퉈 왕위를 차지하다가 결국 1485년에 헨리 튜더가 리처드 3세를 격파하면서 전쟁이 끝났어요.

문장 창이나 문에 치는 휘장으로, 신분이나 명예 등을 나타냄.

PART 3

유교 전통과 신분 질서

유교를 국가의 이념으로 삼은 조선이 유교 전통을 어떻게 이루었는지 살펴보고, 이로 인해 백성들의 생활 모습이 어떻게 바뀌었는지 살펴봐요. 또, 조선의 엄격한 신분 질서 속에서 여성들의 생활이 어떠했을지 추측해 봐요.

12
삼강오륜과 관혼상제는 무엇인가요? _82쪽

11
조선은 왜 유교를 받들었나요? _76쪽

13
양반과 상민은 어떤 차이가 있었나요? _88쪽

1388
위화도 회군

1392
조선 건국

1418
세종 즉위

1429
『농사직설』 편찬

1441
측우기 제작

1446
훈민정음 반포

1485
『경국대전』 시행

1543
백운동 서원 설립

1592
임진왜란

1597
명량 대첩

1610
『동의보감』 완성

1636
병자호란

1649
효종 즉위

14
조선 시대 여성들은
어떻게 살았나요? _94쪽

15
조선 시대 사람들은 어떻게
여가를 즐겼나요? _100쪽

11 3주 조선은 왜 유교를 받들었나요?

공부한 날짜: 　월 　일

조선의 유교 사상
조선을 건국한 신진 사대부들은 불교를 대신할 사상으로 유교를 내세웠어요. 그래서 불교를 더욱 억제하고, 유교를 강조했지요.
고려에서는 불교 외에도 도교나 풍수지리 사상, 토착 종교 등을 다양하게 인정했지만, 조선은 유교만을 강조했지요. 그런 면에서 조선은 사상적으로 고려에 비해 경직된 나라라고 할 수 있어요.

부정부패 바르지 못하고 타락한 모습.
통치 나라나 지역을 도맡아 다스림.

조선, 불교를 멀리하고 유교를 따르다

고려가 불교의 나라였다면 조선은 유교의 나라라고 할 수 있어요. 조선 건국의 중심 세력인 신진 사대부들은 모두 유학을 공부한 인물들이었어요. 그래서 조선에서는 불교는 멀리하고 유교 사상이 뿌리내리기를 바랐어요. 불교가 타락했다고 믿었기 때문이지요.

고려 말, 세상에 부정부패가 많았는데, 신진 사대부들은 이것이 불교가 타락하여 생긴 문제라고 여겼어요. 대표적인 신진 사대부였던 정도전은 한양을 설계하면서 도성 안에 절을 짓지 못하게 할 정도였어요. 또 조선의 법전인 『경국대전』이 유교 사상을 바탕으로 만들어졌기 때문에 유교 사상이 뿌리내리는 것은 당연한 결과였지요.

그런데 조선 전기까지는 불교를 믿는 백성들이 많았고, 왕실에도 불교가 남아 있었어요. 그러다가 시간이 지나면서 상황은 달라졌어요. 유교 사상으로 똘똘 뭉친 통치 세력이 유교의 가르침대로 정치를 펼치면서 조선은 완전한 유교 국가가 되었지요.

조선의 통치 세력은 신진 사대부에서 훈구, 사림으로 이어졌어요. 고려 때에는 유학의 한 갈래인 성리학이 전해지면서 성리학을 공부한 학자들이 늘어났고, 이 학자들은 신진 사대부라 불리며 세력을 키웠어요. 그리고 신진 사대부는 신흥 무인 세력과 힘을 모아 조선을 세우고 건국에 이바지했지요.

하지만 조선 초기에 왕위 다툼이 일어나면서 새로운 세력이 나타났어요. 단종을 몰아내고 세조가 왕이 되도록 도운 세력들이지요. 이들을 훈구라고 해요. 훈구는 세조를 왕위에 올렸다는 공으로 많은 권력을 차지했어요. 많은 권력을 독차지한 훈구는 점차 부패하고 말았어요. 그러자 이들을 견제하는 세력으로 사림이 등장했어요.

성종은 학문 연구를 많이 한 사림을 적극적으로 기용했어요. 사림은 신진 사대부 중 조선의 건국을 반대했던 정몽주와 길재 같은 인물에게 영향을 받은 사람들이 많았어요. 조선 건국을 반대하여 관리가 될 수 없었던 선비들이 고향에 내려가 성리학 공부에 몰두하며 사림을 키워 낸 것이지요.

훈구 조선 초기의 각종 정변에서 공을 세워 높은 벼슬을 해 오던 관료층.
사림 조선 초기에, 산림에 묻혀 유학 연구에 힘쓰던 문인들 무리.
기용하다 인재를 높은 자리에 올려 쓰다.

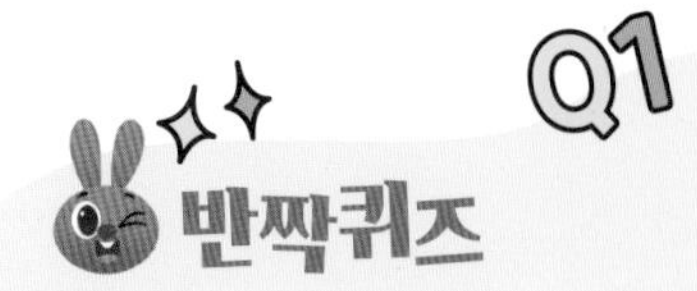

조선은 □□ 사상을 뿌리내리게 하기 위해 불교를 멀리했다.

사액 서원
서원은 사림이 세운 사립 학교 같은 곳이지만 국가의 지원을 받기도 했어요. 이같이 왕이 서원의 이름을 지어 주고, 지원해 주는 서원을 사액 서원이라고 해요. 사액 서원은 나라에서 토지와 노비, 책을 주고 세금도 면제해 주었어요. 조선 선조 때는 사액서원이 100개가 넘어서 국가 경제에 부담이 되었지요.

지주 땅을 소유한 사람.
향촌 지방의 마을.
향약 조선 시대에 권선징악과 상부상조를 목적으로 만든 향촌의 자치 규약.
유향소 고려·조선 시대에 지방의 수령을 돕던 자문 기관.

곳곳에서 유교를 가르치다

고향에서 성리학 공부에 힘썼던 사림은 대부분 땅을 가진 지주였어요. 조상 대대로 물려받은 땅과 노비가 있었기 때문에 벼슬을 하지 않고도 살 수 있었지요. 사림은 자연스럽게 마을의 중심 세력으로 인정받았어요.

사림은 이런 지위를 이용하여 향촌에 유교 사상을 퍼뜨리고 유교 질서를 만들려 했어요. 대표적인 것이 향약과 유향소예요.

향약은 중종 때 조광조가 처음 제안하였어요. 향약은 향촌 사람들이 서로 지켜야 하는 약속으로, 4가지 덕목을 강조했지요.

"향약의 첫 번째는 좋은 일은 서로 권하는 것이다. 그럼, 두 번째는 무엇이겠느냐?"

"그것이……."

"두 번째는 잘못을 바로잡아 주는 것이다. 이웃이 잘못된 일을 하면 하지 않게 옆에서 도와야 하는 것이다."

"마님, 그럼 세 번째로 할 것은 무엇입니까?"

"서로 예절을 지켜야 한다. 마지막 네 번째는 힘들고 어려운 일이 있을 때 서로 돕는 것이다. 그렇게 한다면 모두 평안할 것이야."

사림은 유향소를 만들어 지방관인 수령이 유교의 도리를 실천하도록 돕거나 감시하는 역할을 했어요. 그리고 향리도 감찰했어요. 하지만 일부 유향소에서는 수령과 짜고 백성에게 해로운 짓을 하는 일이 벌어지기도 했어요.

소수 서원

주세붕 성리학을 처음 들여온 안향를 기리는 백운동 서원을 세운 사람.
자제 남을 높여 그의 아들을 높여 이르는 말.

유교 사상이 뿌리내리는 데 큰 역할을 한 곳으로는 서원도 있어요. 서원은 사림이 세운 학교 같은 곳이에요. 많은 선비가 서원에 모여 성리학을 공부하고, 돌아가신 유학자를 기리며 제사를 지내곤 했지요. 주세붕은 조선 최초의 서원인 '백운동 서원'을 지어 양반 자제들에게 성리학을 가르쳤어요. 백운동 서원은 후에 나라의 지원을 받아서 '소수 서원'이라고 이름을 바꾸지요. 그 뒤 이황의 학문을 따르는 '도산 서원', 류성룡을 기리는 '병산 서원' 등 이름 있는 서원들이 많이 세워졌어요. 서원은 계속해서 늘어나 당시에는 나라 살림에 부담이 되기도 했지만, 현재는 일부 서원이 유네스코 세계 문화유산으로 지정되어 보존되고 있어요.

서원은 □□이/가 세운 학교 같은 곳으로 양반 자제들에게 유교 교육을 했어요.

조선의 유교 사상과 서원의 발달

- 조선은 신진 사대부의 통치를 위해 불교를 억제하고 유교 사상을 받들었다.
- 훈구가 권력을 독차지하자 성리학을 공부한 사림이 견제했다.
- 사림은 향촌에 향약을 알리고, 유향소를 통해 지방관을 감시했다.
- 사림이 세운 서원은 유교 사상이 뿌리내리는 데 큰 역할을 했다.
- 최초의 서원 백운동 서원(소수 서원)을 비롯해 도산 서원, 병산 서원 등이 세워졌다.

1 사림이 향촌에서 한 일을 잘 말한 친구를 모두 찾아 ○표 하세요.

2 조선 시대 향촌의 모습입니다. ㈎에 들어갈 말은 무엇입니까? (   )

① 향교　② 향약　③ 유교　④ 불교　⑤ 유향소

45회 기출 응용

3 ㈎에 대한 설명으로 옳지 <u>않은</u> 것은 무엇입니까? (　　　　　)

① 유학 교육이 이루어진 곳이다.
② 외국어 교육이 활발히 이루어졌다.
③ 사림이 향촌에 세운 학교 같은 곳이다.
④ 국가의 지원을 받으면 사액 서원이라고 했다.
⑤ 너무 많아져서 국가 경제에 부담이 되기도 했다.

붙임 딱지 붙여요.

카드 세계사

고대 그리스 학자들의 진리 추구 모습을 그린 라파엘로의 「아테네 학당」

조선에서 유교 문화가 뿌리내릴 무렵, 유럽에서는 인간 중심 사상을 바탕으로 하는 문예 부흥기 르네상스를 맞이했어요. 유럽은 5세기부터 오랜 시간 동안 신 중심의 문화를 이루었어요. 그러다가 14세기 이탈리아에서 고대 그리스·로마 문화를 되살리고 인간 중심 사상을 부르짖으며 문화 부흥을 이루었지요. 르네상스는 15~16세기에 유럽의 다른 국가까지 영향을 주었어요.

문예 부흥기 쇠퇴했던 문학과 예술이 다시 발달하는 시기.

삼강오륜과 관혼상제는 무엇인가요?

공부한 날짜: 월 일

『삼강행실도』

『삼강행실도』는 설순이 왕명으로 펴낸 책이에요. 글자를 만들어 백성을 가르치고자 했던 세종은 『삼강행실도』로 백성들에게 유교의 예를 가르치려 했어요. 이 책에는 백성들이 더 쉽고 재미있게 볼 수 있도록 글과 그림이 함께 있어요. 조선 시대 그림책이라고도 부르지요. 책에는 효자와 충신 등의 이야기가 담겨 있어서 읽는 이가 본받을 수 있게 했어요.

삼강오륜 유교의 도덕에서 기본이 되는 세 가지의 강령과 지켜야 할 다섯 가지의 도리.

삼강오륜으로 유교 질서를 세우다

조선 시대는 유교 질서가 강조된 사회였어요. 유교의 도리인 '삼강오륜'이라는 유교 질서를 가르쳤지요. 삼강오륜으로 사람 사이의 관계를 위아래로 구분하고, 서로 지켜야 할 예의와 도리를 강조했어요.

먼저 '삼강'은 신하는 임금을 섬기고, 아내는 남편을 섬기며, 아들은 아버지를 섬겨야 한다는 것이에요. 임금과 신하, 남편과 아내, 부모와 자식 사이를 위아래로 구분한 것이지요.

'오륜'은 '부자유친', '군신유의', '부부유별', '장유유서', '붕우유신' 등 다섯 가지 덕목이에요. 아버지와 아들 사이에는 친함이 있어야 하고, 왕과 신하 사이에는 의리가 있어야 하며, 남편과 아내 사이에는 다름이 있고, 어른과 아이 사이에는 순서가 있어야 하며, 친구 사이에는 믿음이 있어야 한다는 내용이에요. 유교 사상이 뿌리내리면서 조선에서는 '삼강오륜'에 벗어나는 것은 사람이 해서는 안 되는 짓으로 여겼지요.

따라서 조선에는 삼강오륜에 맞는 유교 교육이 필요했어요. 세종 때, 진주에 사는 김화라는 사람이 아버지를 죽이는 사건이 벌어지자 세종은 이 일을 크게 걱정했어요.

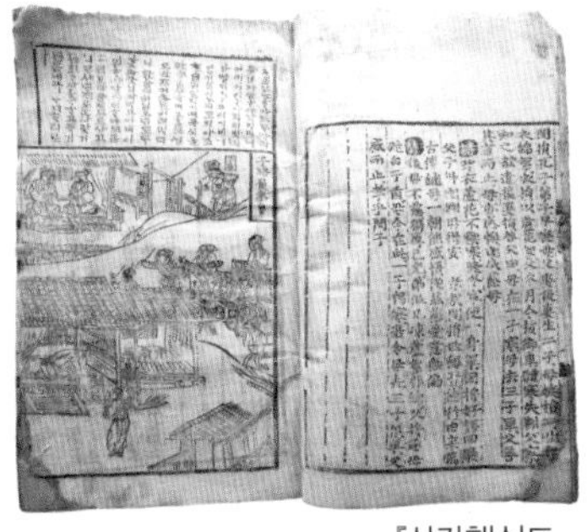
『삼강행실도』

효 어버이를 진심어린 마음으로 잘 섬기는 일.

"어찌 아들이 아버지를 해칠 수 있단 말인가? 모두 나의 덕이 부족한 탓이로다! 이 문제를 해결할 좋은 방법이 없겠소?"

"전하, 백성들에게 '효' 교육을 시키는 것이 좋겠사옵니다."

세종은 유교의 효 사상을 가르치기 위해 백성들이 보기 쉬운 책을 만들라고 했고, 이때 만들어진 것이 『삼강행실도』예요. 『삼강행실도』에는 충신과 효자 이야기가 담겨 있었지요.

유교 예법은 『경국대전』에도 담겨 있었어요. 이 법전에는 충과 효 사상에 따라 모두가 지켜야 할 예법이 정해져 있었어요. 왕조차도 아침에 일어나 제일 먼저 왕실의 어른들에게 아침 인사를 드려야 하는 예법을 지켜야 했지요.

조선 시대 사람들은 □□□□에 따라 유교 질서를 지켰다.

□□□□

조선 시대 혼인 제도
『경국대전』에는 혼인에 대한 규정이 담겨 있어요. 남자는 15살, 여자는 14살이 되어야 혼인할 수 있도록 허용했어요. 자식의 나이가 13살이 되면 혼인을 정할 수 있도록 했지요.
그리고 아내가 죽은 선비의 경우에는 3년 후에 다시 혼인할 수 있다고 정하고 있어요. 만약 선비의 나이가 40살이 넘었는데 아들이 없다면 아내가 죽고 1년 후에 결혼하는 것을 허용했어요.

계례 15세가 된 여자나 약혼한 여자가 올리던 성인 의식.
비녀 여자의 쪽 찐 머리가 풀어지지 않도록 꽂는 장신구.

관혼상제를 실천하다

유교 예법에 따라 조선에서는 가정마다 꼭 지키는 예법이 있었어요. 이것을 '관혼상제'라고 해요.

'관'은 '관례'로 아이가 성년이 될 때 치르는 의식이에요. 조선 시대 아이들은 15살이 되면 성년으로 인정을 받았어요. 이때 남자는 '관례'를 지내고, 여자는 '계례'를 지냈어요. 이때 가장 크게 변하는 것은 머리 모양이었어요. 관례 후에 남자는 상투를 틀고, 계례 후에 여자는 머리를 올려 비녀를 꽂았어요.

어른이 되고 나면 제 짝을 만나 혼인을 했어요. 이것을 '혼', '혼례'라고 하지요. 조선 시대에 혼례는 신부의 집에서 치르고, 혼례 날짜도 신부의 집에서 정하는 것이 예법이었어요. 그리고 혼례를 치르고 나면 신부는 신랑의 집인 '시집'에 들어가서 살아야 했어요.

'상'은 '상례'로 사람이 죽었을 때 지내는 의식을 뜻해요. 조선 시대

에는 사람이 하늘에서 와서 하늘로 돌아간다고 생각했어요. 상례는 죽은 사람의 영혼이 하늘로 돌아갈 수 있도록 지내는 의식인 셈이지요. 자식은 부모님이 돌아가시면 부모님의 무덤 옆에서 상복을 입고 3년을 지켜야 했어요. 이것이 효를 다하는 것이라 여겼지요.

마지막으로 '제'는 '제례'로, 돌아가신 부모님과 조상의 제사를 지내는 것을 뜻해요. 조선에서 효는 살아 계실 때뿐만 아니라 돌아가신 후에도 이어져야 한다고 생각했어요. 그래서 돌아가신 날이면 음식을 준비하여 제사상을 차리고 제사를 지냈어요.

"오늘은 할아버지 제삿날이니 몸가짐을 조심하도록 하거라."

"아버지, 어제도 제사를 지냈는데요?"

"어제는 증조할머니 제삿날이었느니라!"

조선 시대에는 조상님이 돌아가신 날과 추석, 설날 등과 같은 명절에 모두 제사를 지냈지요.

제사 신령이나 죽은 사람의 넋에게 음식을 바치어 정성을 나타냄.

조선의 일반 가정에서는 유교 예법에 따라 □□□□을/를 지켰다.

삼강오륜과 관혼상제의 실천

- 조선의 왕과 백성은 삼강오륜에 따라 유교 질서를 지켰다.
- 조선의 가정은 유교 예법에 따라 관혼상제를 지켰다.
- 15살이면 성년이 되는 관례를 지냈고, 결혼을 할 때에는 혼례를 치렀다.
- 사람이 죽으면 상례를 치렀고, 돌아가신 분께 제례를 지냈다.
- 조선 시대에 상례와 제례는 부모를 향한 효를 실천하는 것이었다.

1 다음 그림에 해당하는 조선 시대의 예법을 찾아 줄로 이으세요.

(1)  • • ① 관례

(2)  • • ② 혼례

(3)  • • ③ 상례

(4)  • • ④ 제례

2 다음 중 조선 시대의 유교 예법이 맞으면 ○표, 틀리면 X표 하세요.

(1) 제례는 추석에만 지냈다. (　　)

(2) 15살이 되기 전에 모두 관례를 치렀다. (　　)

(3) 부모가 돌아가시면 3년간 상복을 입었다. (　　)

(4) 임금도 왕실의 웃어른에게 문안 인사를 드렸다. (　　)

36회 기출 응용

3 **다음에서 설명하는 '이 책'의 제목을 쓰세요.**

(　　　　　　　　　　)

붙임 딱지 붙여요.

카드 세계사

콜럼버스, 신대륙을 발견하다

콜럼버스의 신대륙 발견을 상상한 그림

조선에 유교 질서가 잡혀 갈 무렵, 1492년 유럽에서는 크리스토퍼 콜럼버스가 바다로 나아가 신대륙을 발견했어요. 당시 유럽 사람들은 세상의 끝에 신비의 땅 인도가 있지만 위험해서 갈 수 없다고 생각했어요. 이때 콜럼버스가 산타마리아호를 타고 항해를 떠나 스페인을 떠난 지 69일 만에 아무도 몰랐던 아메리카 대륙을 발견했어요. 콜럼버스는 이곳을 인도로 오해해서 서인도 제도라고 했어요.

신대륙 새로 발견한 대륙이란 뜻으로, 남북아메리카 및 오스트레일리아 대륙을 이르는 말.

양반과 상민은 어떤 차이가 있었나요?

공부한 날짜: 월 일

조선 시대 노비의 신분
조선의 천민 중 대부분은 노비였어요. 노비는 물건처럼 문서로 사고팔거나 빌리고 갚을 수 있는 대상이었어요. 주인의 명령에 따라 농사를 짓고, 집안일, 부엌살림, 온갖 심부름을 했어요. 평생 주인을 위해 일하며 살아야 했지요. 일부 노비는 이런 차별을 견디지 못하고 도망을 가기도 했어요. 양반들은 '노비 추쇄 문건'을 만들어 나라에 도망간 노비를 찾아 달라고 했어요.

천인 예전에, 사회의 가장 낮은 신분에 속하던 사람.
첩 옛날에는 결혼한 아내가 있는데도 다른 여자와 함께 살기도 했는데 첩은 이 여자를 뜻함.

조선, 엄격한 신분제 사회를 이루다

유교 사상을 중시했던 조선은 유교 질서에 따라 위아래를 철저하게 구분했어요. 이것은 신분제에도 고스란히 담겨 있지요. 조선은 태어날 때부터 신분이 정해져 있었어요. 신분제는 크게 양인과 천인으로 나뉘었어요. 그래서 '양천제'라고 불렀지요.

양인은 다시 양반, 중인, 상민으로 구분이 됐어요. 양반은 문과 시험에 합격한 문반과 무과 시험에 합격한 무반을 합쳐서 부른 말이에요. 양반은 조선의 관리로 나라에서 땅을 받았고, 군역과 부역을 면제받았어요. 조선 사회를 이끌어 가는 역할과 함께 많은 혜택이 주어진 것이지요. 하지만 양반들 사이에도 차별은 있었어요. 조선에서도 무반보다는 문반에 대한 대우가 좋았고, 양반 신분이라고 하더라도 첩의 자식은 문과 시험에 응시할 수 없었어요.

조선의 중인은 주로 하급 관리이거나 천문, 지리, 의학, 법률 같은 전문 지식을 가진 사람들이었어요. 중인들은 궁궐에서 그림을 그리거나 외국 사신을 맞이하며 통역을 담당하기도 했지요.

중인들은 양반처럼 높은 대우를 받지 않았지만 나랏일을 한다는 이유로 군대에 가지 않았어요.

상민은 주로 농사를 짓거나 나라의 큰 공사를 하는 일반 백성들이에요. 상민이 나라를 지탱하는 기둥이라고 할 수 있어요. 상민들이 내는 세금으로 나라를 운영했기 때문이지요. 상민이 내는 세금은 세 가지예요. 수확물이나 특산물을 내는 세금과 군대에 가는 군역, 궁궐이나 성곽을 지을 때 제공하는 부역 등이지요.

"얘야, 호랑이보다 무서운 게 뭔지 아니?"

"호랑이보다 더 힘센 것이 있나요?"

"호랑이보다 무서운 건 바로 나라에 내는 세금이란다."

많은 상민들은 나라에 내는 세금을 걱정하며 살았어요.

상민보다 신분이 낮은 사람은 천민이에요. 천민에는 노비나 광대, 무당, 백정 등이 있었어요. 노비는 양반의 재산으로 취급되어 평생 양반의 일을 도우며 살았고, 노비 문서로 물건처럼 사고팔리는 일도 있었어요. 노비의 자식들은 태어나자마자 노비가 되어 평생 주인을 위해 일해야 했지요.

특산물 어떤 지역에서 특별히 나는 물건.

취급되다 물건처럼 사용되거나 소재 또는 대상으로 여겨지다.

조선 시대에 □□은/는 문반과 무반을 합쳐 부른 말이다.

양반들의 정자
조선 시대 생활이 풍족한 양반들 사이에서는 집을 꾸미거나 풍경 좋은 곳에 정자를 짓는 일이 늘어났어요.
조선 시대에는 신분에 따라 집의 규모를 법으로 정한 '가사 제한령'이 있었어요. 건국 초기보다 제한이 풀리면서 화려한 양반집이 늘어났지요. 또 산과 강이 어우러진 곳에는 멋진 정자를 짓고 여유를 즐기는 양반이 늘었어요.
한강 상류의 광나루에서 용산, 마포, 양화나루로 이어지는 곳까지 수십 채의 정자가 있었다고 해요.

사랑채 사랑으로 쓰는 집채.
사당 조상의 신주를 모셔 놓은 집.

신분에 따라 다른 생활을 하다

조선 시대는 엄격한 신분제에 따라 사람들의 생활 모습도 차이가 있었어요. 양반들은 주로 기와집에 살았어요. 기와집은 사랑채, 안채, 행랑채, 사당 등으로 나뉘어 있었어요.

대문 가까이에 있는 사랑채는 남자의 생활 공간이에요. 사랑채에서 글도 읽고, 손님도 맞이했지요. 그래서 사랑채에는 책상과 종이, 붓, 벼루 등이 있었지요. 안채는 여자의 생활 공간이에요. 양반 여성은 안채에 살며 아이를 키우고, 집안 살림을 맡아 했어요. 행랑채에는 노비들이 살았어요. 노비들은 양반 가까이 살며 밤낮으로 양반의 일을 도왔지요.

일반 백성들은 초가집에서 살았어요. 백성 대부분이 농사를 지으며 살았기 때문에 농사를 지은 후에 생기는 볏짚으로 집을 지은 것이지요. 초가집은 크기가 크지 않아서 따로 생활 공간이 구분되지 않았어요. 가난한 백성은 온 식구가 방 하나에 모여 살았지요. 초가집 주위는 나무나 돌로 간단하게 울타리를 만들었지요.

조선 시대 사람들은 신분에 따라 먹는 음식도 달랐어요. 밥, 국, 김치를 제외한 반찬을 '첩'이라고 하는데, 왕의 밥상은 12첩이었어요. 왕의 밥상은 '수라상'이라고 하여 고기부터 생선, 나물 등 갖가지 맛있는 음식으로 차렸지요. 양반은 형편이 넉넉해서 쌀밥에 여러 가지 반찬을 먹었어요. 보통 5첩에서 9첩의 반찬이 올라왔지요.

백성들이 살던 초가집

첩 반상기 한 벌에 갖추어진 반찬을 세는 단위.

백성들은 해마다 열심히 농사를 지었지만 쌀밥을 먹기도 힘들었어요. 백성들의 밥상에는 대부분 잡곡밥이 올라왔고, 반찬도 3가지를 넘기기 힘들었지요.

"어머니, 설날이 되려면 얼마나 남았나요?"

"오늘이 추석인데 벌써 설날을 기다리는 거냐?"

"매일 명절이었으면 좋겠어요. 고깃국 먹게."

평소에 풍족히 먹을 수 없었던 백성들은 명절 같은 날이면 특별한 음식을 해서 나눠 먹었지요.

양반은 주로 기와집에 살았고 일반 백성들은 □□□에 살았다.

조선 시대 신분 제도

- 조선 시대의 신분은 태어날 때부터 정해져 있었고, 양인과 천인으로 나뉘었다.
- 양인은 양반, 중인, 상민으로 나누어졌고, 천민에는 노비, 광대, 무당, 백정 등이 있었다.
- 중인은 전문 지식을 가진 사람들이고, 상민은 주로 농사일과 나라의 큰 공사를 하는 일반 백성이다.
- 천민인 노비는 양반의 재산으로 여겨져 노비 문서로 사고팔 수 있었다.
- 양반은 주로 기와집에 살고, 일반 백성은 초가집에 살며 신분에 따라 생활 모습이 달랐다.

1 ㉠과 ㉡에 들어갈 말을 바르게 짝지은 것은 무엇입니까? (　　　　　)

> 조선 시대의 신분 제도
>
> 조선 시대의 신분제는 법적으로는 양인과 천인으로 나뉜 양천제였다. 양인은 과거 시험을 볼 수 있는 자격이 있는 신분으로 다시 양반, [㉠], 상민으로 구분되었다. [㉡]은/는 문과 시험에 합격한 문반과 무과 시험에 합격한 무반을 합쳐 부른 말이다. 가장 낮은 신분인 천민에는 노비, 광대, 무당, 백정 등이 있었다.

① ㉠ 중인, ㉡ 백성　② ㉠ 대인, ㉡ 양반　③ ㉠ 중인, ㉡ 양반
④ ㉠ 중인, ㉡ 노비　⑤ ㉠ 중인, ㉡ 선비

2 ㉠~㉤ 중 다음에서 설명하는 '이곳'을 찾아 기호를 쓰세요. (　　　　　)

36회 기출 응용

3 다음 질문에 알맞은 답은 무엇입니까? (   )

붙임 딱지 붙여요.

카드 세계사

포르투갈, 아프리카 노예를 사고팔다

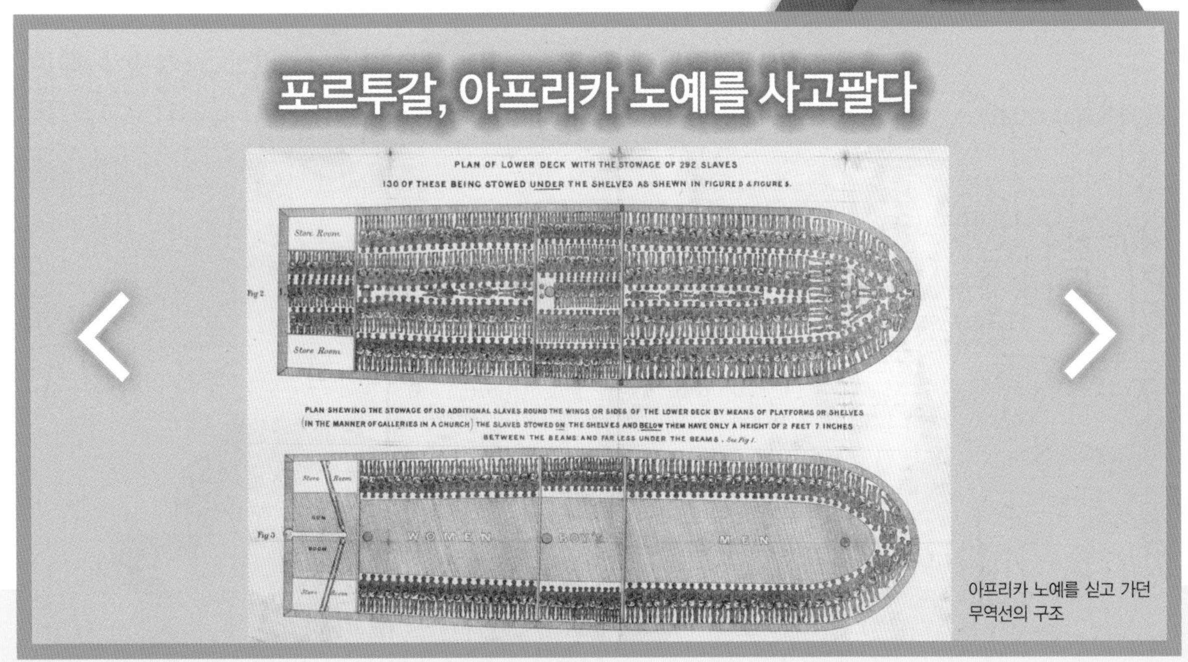

아프리카 노예를 싣고 가던 무역선의 구조

조선의 신분제가 강화될 무렵, 15세기 포르투갈에서는 아프리카에서 노예를 배로 데려와서 사고팔기 시작했어요. 포르투갈은 중동으로 가는 바닷길을 찾다가 서아프리카에 금과 소금 등이 풍부하다는 것을 알게 되었어요. 그 뒤 포르투갈인들은 아프리카와 무역을 하다가 사탕수수를 재배하기 위해 노예를 사들인 뒤, 이들을 유럽에 데려와서 노예로 팔았어요.

중동 유럽의 동쪽에 있는 지역으로 서아시아를 일컬음.
무역 지역 간 서로 물건을 사고팔거나 교환하는 일.

조선 시대 여성들은 어떻게 살았나요?

공부한 날짜: 월 일

열녀와 열녀문
유교에서 중요하게 여기는 덕목은 '충'과 '효' 그리고 '열'이었어요. 충과 효는 임금에 충성하고 부모를 섬기는 것이고, 열은 아내가 남편을 섬기는 것이지요.
평생 남편의 뜻을 따르고 잘 섬긴 아내를 '열녀'라고 했고, 남편이 죽은 후에도 평생 결혼하지 않고, 시부모를 보살피고 자식을 키운 여성에게 나라에서 '열녀문'을 세워 주기도 했어요. 당시에는 열녀문을 가문의 영광으로 여겼지요. 17세기 후반부터는 이런 생각이 비판받기 시작했어요.

송순 조선 명종 때의 문인이자 시인.
분재기 가족이나 친척에게 나누어 줄 재산을 기록한 문서.

유교 질서에 따라 여성 지위가 낮아지다

유교를 중시하던 조선은 남녀 사이에도 위아래가 있다고 생각했어요. 아내가 남편의 뜻을 따르는 것이 유교 질서에 맞다고 본 것이었지요. 그런데 유교 사상이 널리 퍼지지 않았던 조선 전기에는 여성의 지위가 고려 시대와 비슷했어요. 아들과 딸이 공평하게 재산을 물려받았고, 제사도 아들과 딸이 돌아가며 지냈어요. 혼인을 해도 시집으로 바로 가는 것이 아니라 친정에서 한동안 살았지요.

조선 전기 여성의 지위는 송순의 「분재기」의 내용을 통해서도 알 수 있어요. 조선의 관리였던 송순은 자신의 재산을 아들과 딸에게 고르게 나누어 준 것을 「분재기」에 잘 기록해 두었어요.

딸과 아들을 차별하지 않았다는 것은 조선 전기에 여성의 지위가 남성과 다르지 않았다는 것을 의미하지요. 여성의 지위가 달라진 것은 유교를 바탕으로 한 사회 질서가 뿌리내리게 된 조선 중·후기에 이르러서였어요.

조선 통치의 기본서라고 할 수 있는 『경국대전』에는 남편이 죽어서 혼자가 된 여성이 다시 결혼하면 그 여성의 자식은 조선의 관리가 될 수 없다는 내용이 있었어요.

또 조선 관리의 아내에게 내리는 '정부인'이라는 직위도 다시 결혼을 하면 빼앗는다고 정했지요. 아내를 남편에 속한 사람으로 생각했기 때문에 생긴 법이었어요. 이런 법과 유교적 사회 분위기로 여성의 지위가 점차 낮아졌어요.

"딸은 아버지의 말에 따라야 한다. 알겠느냐?"

"그럼 결혼하면 자유로워질까요?"

"아니다. 결혼하면 남편의 말에 따라야지."

"휴, 늙어야 좀 편하겠군요!"

"안될 말이다. 늙으면 아들의 말을 따르며 살거라."

조선 시대에 여성은 '삼종지도'라고 하여 평생 지켜야 할 세 가지 도리가 있다고 배웠어요. 그 도리가 평생 아버지, 남편, 아들을 따르며 사는 것이었지요. 이런 생각은 여성의 생활에 많은 변화를 일으켰어요.

정부인 조선 시대에, 정이품 · 종이품 문무관의 아내에게 주던 지위.

반짝퀴즈 Q1

조선에서 유교 사상을 강조하면서 □□의 지위는 남성보다 점점 더 낮아졌다.

허난설헌의 문학과 삶

허난설헌은 조선의 문학가로 남성이 짓는 한시에서 볼 수 없는 시 세계를 보여 주었어요. 허난설헌의 시에는 여성들이 겪는 일상생활에서 느끼는 절실함이 담겨 있어 당시 여성들의 고통을 잘 보여 주었지요.

허난설헌은 뛰어난 능력을 가지고 있으면서도 여성이라는 이유로 오히려 수난을 겪었다고 전해져요. 허난설헌은 이런 마음을 문학에 섬세하게 표현했어요. 하지만 어린 자식이 일찍 세상을 떠나면서 큰 고통 속에 살다가 28세에 세상을 떠났어요.

허난설헌, 「앙간비금도」

능력을 발휘한 여성들이 나타나다

조선의 양반 여성들은 남자들처럼 글공부를 했지만 과거 시험을 볼 수 없었어요. 여성의 일은 자식을 키우고 집안 살림을 하는 것이라고 여겼지요. 생활도 자유롭지 못했어요.

특히 양반집 여자들은 유교 예법에 따라 바깥에 나가는 일이 자유롭지 않을 정도로 엄격하고 통제된 생활을 했어요. 하지만 조선 시대에도 자신의 능력을 발휘한, 뛰어난 여성 인물들이 있었지요.

신사임당은 유학자 율곡 이이를 키운 지혜로운 어머니로 알려져 있어요. 그런데 신사임당에게는 그림을 잘 그리는 뛰어난 능력이 있었어요. 신사임당은 어릴 때부터 그림에 재능을 보였고, 이후 주변에서 흔히 볼 수 있는 꽃, 벌레 등을 관찰하여 그림을 그렸어요.

"신사임당의 그림은 예사롭지 않아요. 그림 속 새와 벌레가 모두 살아 있는 느낌이 들어요."

"조선의 어느 화가와 겨루어도 부족함이 없어요."

여성의 능력은 문학에서도 발휘되었어요. 허난설헌은 소설 『홍길동전』을 쓴 허균의 누나라고 알려져 있어요. 허균은 누나 허난설헌

이 쓴 시를 모아 『난설헌 문집』이라는 책으로 묶었어요. 너무도 훌륭한 시들이었기 때문이지요. 허난설헌은 어릴 때부터 책을 많이 읽고 시를 잘 썼다고 해요. 하지만 그 능력을 제대로 발휘하지 못하고 일찍 죽고 말았어요. 하지만 좋은 시는 남아 조선뿐 아니라 중국과 일본에까지 전해졌지요.

신사임당, 「초충도」

사회 운동가 사회의 개혁을 목적으로 뜻을 이루려고 힘쓰는 사람.

조선의 여성 중에는 나라가 하지 못하는 일을 몸소 실천하는 사회 운동가도 있었어요.

'어려움을 겪는 이들이 많은데 가만히 있을 수가 없군. 내가 가진 것을 나눠 그들을 도와야겠어.'

한편 정조 때에는 나라에 가뭄이 들어 먹을 것이 부족해지자 제주에 사는 김만덕이 나섰어요. 김만덕은 자신의 재산으로 쌀을 사들여서 밥을 굶는 사람들에게 나누어 주었어요.

□□□□은/는 꽃과 벌레를 아름답게 표현한 조선의 대표 화가다.

조선 시대 여성의 생활

- 조선 전기에 여성의 지위는 고려 시대와 비슷하여 남성과 다르지 않았다.
- 남녀 사이에 위아래가 있다는 유교 사상이 퍼지면서 중·후기부터는 여성의 지위가 점점 낮아졌다.
- 양반 여성은 글공부를 했지만 과거 시험을 볼 수는 없었다.
- 양반 여성은 집에서 자식을 키우고 집안일을 하며, 유교 예법을 철저히 따라야 했다.
- 신사임당, 허난설헌, 김만덕은 조선 시대 통제된 생활 속에서도 능력을 발휘한 여성들이다.

1 다음 중 조선 전기 여성의 지위를 잘 나타낸 것에 모두 ○표 하세요.

(1) 제사는 아들만 지냈다. (   )

(2) 남편을 윗사람처럼 섬겼다. (   )

(3) 딸과 아들에게 재산을 공평하게 나눠 주었다. (   )

(4) 남편과 함께 결혼하여 한동안 친정에 살았다. (   )

2 ㉠과 관련 없는 내용을 말한 친구는 누구입니까? (   )

> 조선 전기를 지나 중 후기가 되면서 ㉠여성의 삶이 달라졌다.

① 성희: 여성은 부모의 재산을 물려받지 못했어요.
② 보라: 예법에 따라 남편보다 아내의 지위가 높아졌어요.
③ 기승: 여성은 아이를 키우는 일과 집안일을 맡아 했어요.
④ 한결: 양반 여성은 유교 예법을 엄격하게 지켜야 했어요.
⑤ 설아: 양반 여성은 글공부를 해도 과거 시험을 볼 수는 없었어요.

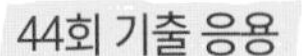

44회 기출 응용

3 다음에서 말하는 '이 사람'은 누구입니까? (　　　　　)

① 논개　② 김만덕　③ 황진이　④ 허난설헌　⑤ 신사임당

3주 4일 학습 끝!

붙임 딱지 붙여요.

카드 세계사

쥘 외젠 르느뵈, 「오를레앙 공성전에서의 잔 다르크」

조선 시대 엄격한 유교 질서 속에서도 능력을 발휘한 여성이 있었던 것처럼 유럽의 전쟁터에서도 돋보인 여성 영웅이 있었어요. 바로 프랑스와 영국의 백 년 전쟁에서 활약한 잔 다르크예요. 잔 다르크는 1337년 왕위 다툼으로 시작된 이 전쟁에서 프랑스가 연이어 패하자 10대의 나이로 전쟁에 뛰어들었어요. 잔 다르크는 1429년 오를레앙 전투에서 크게 활약하며 프랑스를 큰 승리로 이끌었어요.

백 년 전쟁 프랑스의 왕위 계승과 영토 문제로 영국과 프랑스 사이에 벌어진 전쟁. 100여 년(1337~1453) 가까이 이어짐.

조선 시대 사람들은 어떻게 여가를 즐겼나요?

공부한 날짜: 월 일

두레와 품앗이
조선 시대는 지금처럼 농기계가 없었기 때문에 농사일을 여러 사람이 힘을 모아서 함께 해야 하는 경우가 많았어요. 그래서 사람들은 마을 공동체 생활을 했어요. 마을 앞에는 풍년을 기원하고, 마을의 안전을 비는 마음으로 솟대와 장승을 세웠고, 두레와 품앗이로 농사일을 서로 도왔지요. 두레는 농사일을 함께하기 위해 만들어진 모임이에요. 두레를 통해 집마다 돌아가며 모내기하거나 추수를 했지요. 또 간단한 농사일은 품앗이를 통해 서로 도왔어요. 내가 이웃을 도와주면 이웃도 내가 필요할 때 와서 도와주는 방식이었지요.

24절기에 따라 생활하다

조선 시대 백성들은 대부분 농사를 지었어요. 농사는 언제 씨를 뿌리고, 거둬야 하는지가 중요해서 사람들은 24절기를 잘 따랐어요.

24절기는 태양을 관찰하여 1년을 24개의 절기로 나눈 것이에요. '입춘'이면 봄맞이를 시작하고, '청명'이면 농사를 준비하고, '소만'이면 본격적인 논농사가 시작되는 때라고 알려 주었지요. 24절기가 농사의 안내자 역할을 한 셈이에요.

사람들은 절기에 맞춰 함께 농사일을 하고, 또 그 계절에 많이 나는 재료로 음식을 만들어 나눠 먹었어요. 이런 음식을 '세시 음식'이라고 해요. 봄이면 곱게 핀 진달래 꽃잎을 따다 진달래 꽃전을 만들고, 여름이면 지친 기운을 보충하기 좋은 삼계탕을 끓였어요. 가을이면 새로 추수한 햅쌀로 송편을 빚고, 겨울에는 팥죽을 따끈하게 끓여서 나눠 먹었지요.

강강술래

조선 시대에 농사는 한 해 먹거리를 준비하는 것이라서 매우 중요했어요.

그래서 농사가 본격적으로 시작되기 전, 마을 사람들이 모두 모여 마을 제사를 지냈어요. 농사가 잘되기를 빌고, 마을이 평안하기를 기원했지요.

본격적으로 농사가 시작되면 사람들은 서로 힘을 북돋고, 도와 가며 일을 했어요. 농사일에 지치지 않게 농요를 부르며 일을 했고, 두레와 품앗이를 통해 서로 일을 도와주었지요.

함께 땀 흘린 마을 사람들은 즐거움도 함께 나눴어요. 명절이 되면 모두 어울려 즐거운 민속놀이를 했어요. 줄다리기, 고싸움, 강강술래는 조선 시대 대표적인 민속놀이예요.

"영차, 영차! 힘을 내 보세!"

두 편으로 나뉜 사람들이 볏짚으로 엮은 굵은 줄을 자기 쪽으로 잡아당겼어요. 조선 시대 사람들은 줄다리기로 고된 농사일을 이겨 냈지요.

농요 농사일을 할 때 부르던 노래.
줄다리기 여러 사람이 편을 갈라서, 굵은 밧줄을 마주 잡고 당겨서 승부를 겨루는 민속놀이.
고싸움 고가 달린 굵은 줄을 여러 사람이 메고, 상대편의 고를 짓눌러 먼저 땅에 닿게 한 편이 이기는 민속놀이.
강강술래 명절에 여러 사람이 함께 손을 잡고 원을 그리며 빙빙 돌면서 춤을 추고 노래를 부르는 민속놀이.

반짝퀴즈 Q1

조선 시대 사람들은 바쁜 농사철에 □□와/과 품앗이를 통해 서로 일을 도왔다.

승경도놀이와 윷놀이
승경도놀이와 윷놀이는 둘 다 말과 말판을 가지고 즐기는 놀이예요. 승경도놀이는 대개 폭과 길이가 1미터가 넘는 말판에 3백여 개의 칸이 있고 각각의 칸에 관직의 이름이 적혀 있었어요. 처음에 '은일', '문과', '무과', '남행', '유학' 중 하나의 칸에서 시작하며 '영의정', '도원수'에서 퇴직하면 이기는 방식이었어요. 윷놀이는 윷가락 네 개를 던져 나온 모양으로 '도, 개, 걸, 윷, 모'의 이동을 해서 말이 먼저 말판을 빠져나오면 이기는 방식이에요.

윤목 박달나무로 깎아서 승경도놀이를 할 때 쓰는 기구.
영의정 조선 시대 의정부의 으뜸 벼슬.
도달하다 목적한 곳이나 수준에 다다르다.

신분에 따라 다른 놀이를 즐기다

농사철이 되면 농사일이 쉴 새 없이 이어졌지만 농사일이 없을 때면 조선 시대 사람들에게도 쉬며 놀 수 있는 여가 시간이 있었어요. 여가 시간이 되면 신분에 따라 다른 놀이를 즐겼어요. 양반 여성은 수를 놓거나 책을 읽고, 양반 남자는 시를 짓거나 활쏘기, 바둑, 장기 그리고 승경도놀이를 했지요.

"우리 승경도놀이나 한 판 할까?"

"그거 좋지, 승경도 놀이판과 윤목을 가져오겠네."

승경도놀이는 놀이판에 조선의 관직 이름을 쓰고, 오각형 모양의 윤목을 굴려서 나오는 수만큼 말을 움직이는 놀이예요. 처음에는 낮은 관직에 말을 두고, 윤목을 굴려 나오는 수만큼 이동하면서 영의정까지 먼저 오르면 이기는 방식이었지요.

"허허, 내가 먼저 영의정에 도달했군. 승경도놀이라도 영의정이 되니 기분이 좋군, 그래."

양반들의 승경도놀이에는 높은 관직에 오르고 싶은 바람이 담겨

있었어요. 양반들은 승경도놀이를 통해 자식들에게도 조선 관직의 이름을 가르쳐 주었지요.

한편 일반 백성들은 씨름이나 윷놀이를 많이 했어요.

"우리 씨름 한 판 할까?"

"좋지, 이번에는 내가 반드시 이긴다."

김홍도, 「고누놀이」

고누 땅이나 종이 위에 말밭을 그려 놓고 두 편으로 나누어 말을 많이 따거나 말 길을 막는 것을 다투는 놀이.

씨름은 두 사람이 허리춤에 맨 샅바를 잡고 힘과 기술로 상대를 넘어뜨리는 놀이예요. 이렇게 백성들은 양반들에 비해 활동적인 놀이를 했지요.

또, 백성들은 언제 어디서나 가능한 고누도 많이 했어요. 산에서 땔감으로 쓸 나무를 하다가도 서넛이 둘러앉아 고누를 했지요. 고누는 두 사람 이상이 말을 펼쳐 놓고 상대방 말의 이동을 막아 내고, 상대의 집을 차지하면 이기는 놀이예요. 바닥과 말만 있으면 언제 어디서든 할 수 있었지요.

양반들의 □□□놀이에는 관직에 오르고 싶은 바람이 담겨 있다.

조선 시대 여가 생활

- 조선 시대 사람들은 24절기에 따라 농사를 짓고 세시 음식도 해 먹었다.
- 농사가 시작되기 전에 풍년을 기원하는 마을 제사를 지냈다.
- 명절에는 줄다리기, 강강술래, 고싸움 같은 민속놀이를 했다.
- 여가 시간에는 신분이나 남녀에 따라 서로 다른 놀이를 했다.
- 양반 남자는 활쏘기, 시 짓기, 승경도놀이를, 백성들은 씨름, 윷놀이, 고누 등의 놀이를 했다.

1 조선 시대에 계절마다 먹던 세시 음식을 찾아 줄로 이으세요.

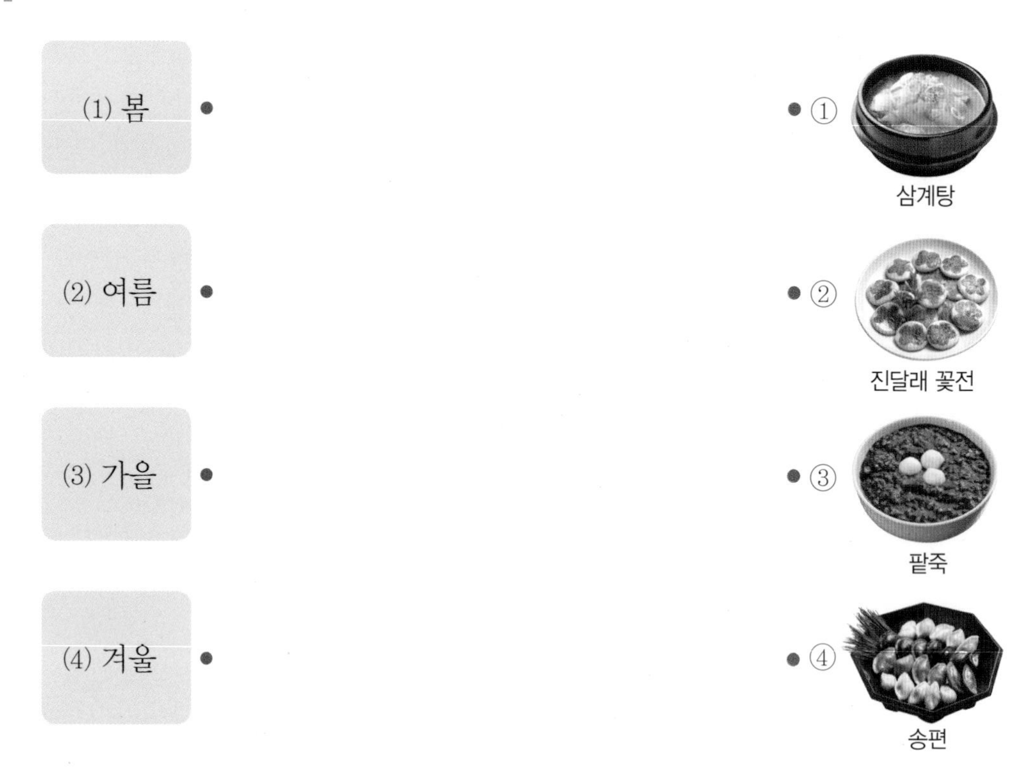

2 다음에서 설명하는 조선 시대의 놀이를 보기에서 찾아 번호를 쓰세요.

보기 ① 씨름 ② 고누 ③ 고싸움 ④ 강강술래 ⑤ 승경도놀이

(1) 조선의 관직 이름이 쓴 놀이판에 윤목을 굴려 나오는 수만큼 말을 움직이는 놀이. ( )

(2) 여러 사람이 함께 손을 잡고 원을 그리며 빙빙 돌면서 춤을 추고 노래를 부르는 놀이. ( )

(3) 고가 달린 줄을 여러 사람이 메고, 상대편의 고를 짓눌러 먼저 땅에 닿게 한 편이 이기는 놀이. ( )

(4) 두 사람이 샅바를 잡고 힘과 재주를 부리어 먼저 넘어뜨리는 것으로 승부를 겨루는 놀이나 운동. ( )

(5) 땅이나 종이 위에 말밭을 그려 놓고 두 편으로 나누어 말을 많이 따거나 말길을 막는 것을 다투는 놀이. ( )

41회 기출 응용

3 다음 안내문에서 ㈎에 해당하는 민속놀이는 무엇입니까? (   )

> 민속놀이 체험 프로그램 안내
>
> 우리 민속 박물관에서는 대보름을 맞이하여 민속놀이 체험 프로그램을 준비하였습니다.
>
> • 날짜: ○○○○년 ○월 ○일
> • 장소: ○○ 민속 박물관 야외 배움터
> • 체험 내용: 참가자를 두 편으로 나눠 볏짚으로 만든 줄을 자기편으로 잡아당기는 [㈎]을/를 함.

① 고누 ② 씨름 ③ 고싸움 ④ 줄다리기 ⑤강강술래

붙임 딱지 붙여요.

카드 세계사

조선 시대에 즐겼던 고누, 윷놀이, 승경도놀이는 셈을 기본으로 하는데, 1489년 독일의 과학자 비트만은 셈에서 사용하는 수학 기호를 처음 사용했어요. 오늘날 우리가 쓰는 덧셈과 뺄셈 기호가 처음으로 만들어진 것이지요. 비트만은 독일어의 더하기, 빼기의 철자를 간단히 해서 '+, −'로 나타냈어요. 이때부터 수학식을 간단하게 나타낼 수 있게 되었어요.

기호 어떠한 뜻을 나타내기 위하여 쓰이는 부호, 문자, 표지 등을 통틀어 이르는 말.

PART 4

임진왜란과 병자호란

조선 전기와 후기를 구분 짓는 사건이 된 임진왜란과 병자호란이
어떤 배경으로 일어났는지 살펴봐요. 그리고 임진왜란과 병자호란이
어떻게 진행되었으며, 백성들은 전쟁을 어떻게 극복했는지 살펴봐요.
그 과정 속에서 이순신이 어떻게 활약했는지 알아봐요.

16
임진왜란은 어떻게
일어났나요? _108쪽

17
이순신은 어떻게
일본군을 물리쳤나요? _114쪽

18
조선은 임진왜란을
어떻게 극복했나요? _120쪽

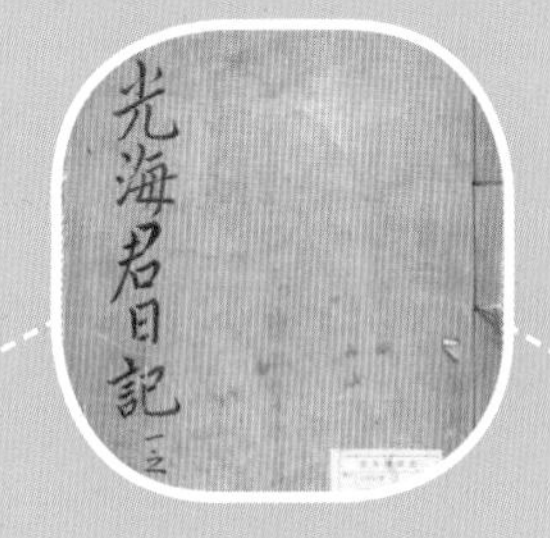

19
광해군은 왜 중립
외교를 펼쳤나요? _126쪽

20
병자호란은
왜 일어났나요? _132쪽

- 1388 위화도 회군
- 1392 조선 건국
- 1418 세종 즉위
- 1429 『농사직설』 편찬
- 1441 측우기 제작
- 1446 훈민정음 반포
- 1485 『경국대전』 시행
- 1543 백운동 서원 설립
- 1592 임진왜란
- 1597 명량 대첩
- 1610 『동의보감』 완성
- 1636 병자호란
- 1649 효종 즉위

임진왜란은 어떻게 일어났나요?

공부한 날짜: 월 일

왜관의 설치
왜관은 일본이 조선에 와서 교류할 수 있도록 허가한 곳이에요. 조선에는 부산포(초량), 제포(웅천), 염포(울산)에 왜관을 두었지요. 그런데 너무 많은 일본인이 온다면 문제가 생길 것을 염려하여 왜관에 머물 수 있는 일본인을 60명으로 제한했어요. 일본은 이것이 불만이었어요. 그래서 임진왜란 전에 왜관에서 반란을 일으킨 일도 있었어요.

「초량 왜관도」

대외 정책 외국에 대한 정책.
심기 마음으로 느끼는 기분.

조선, 명과 가깝게 지내다

고려가 송과 가깝게 지낸 것처럼 조선은 명과 가깝게 지냈어요. 중국을 향한 조선의 대외 정책은 '사대'였지요.

'사대'는 작은 나라가 큰 나라를 섬기는 것을 말해요. 조선은 나라를 세울 때부터 명을 섬겼어요. 조선의 건국을 명에 알리고, 새로운 왕조로 인정해 달라고 했지요. 이것은 새로 건국된 조선을 외교적으로 안정시키기 위한 선택이기도 했어요. 명의 심기를 공연히 건드려 조선이 공격을 받기라도 하면 큰 피해가 될 것이기 때문이지요.

"새해가 되었으니 명으로 사신을 보내거라."

조선은 때가 되면 사신과 선물을 명으로 보냈어요. 그러면 명도 답례품을 보냈어요. 이런 식으로 두 나라 사이에 문물 교류가 이뤄졌지요. 조선의 관리들은 명의 사신으로 가서 앞선 문물을 배웠고, 이것은 조선의 과학 기술과 문화 발전에 도움이 되었지요.

조선은 명 이외의 주변 국가에는 '교린' 정책을 썼어요. '교린'은 한 나라를 강하게 대하기도 하고 부드럽게 풀어 주기도 하며 사이좋게 지내는 것이에요. 조선이 교린 정책으로 대한 나라는 북쪽 여진이나 바다 건너 일본이었어요.

"일본이 자꾸 해안 마을을 공격하니 혼쭐을 내 주거라."

조선은 군대를 보내 쓰시마섬을 정벌했어요. 그러자 얼마 후, 일본은 다시 교역하게 해 달라고 간청을 했어요.

"전하, 일본이 다시는 말썽을 부리지 않겠다며 교역을 하게 해 달라고 싹싹 비는데 어쩌지요?"

"조선의 물자를 구하려는 것이 딱하니 부산에 왜관을 열어 교류하게 해 주거라."

조선은 부산에 일본 상인이 들어와 교류할 수 있는 왜관을 만들어 교역할 수 있게 해 주었어요. 이런 외교적 노력 때문이었는지 조선은 약 200년 동안 큰 전쟁 없이 지냈지요.

사신 왕의 명령을 받고 외국에 사절로 가는 신하.
답례품 감사의 표시로 주는 물건.
교역하다 주로 나라와 나라 사이에서 물건을 사고팔고 하여 서로 바꾸다.
간청 간절히 요구함.

조선은 건국 때부터 큰 나라인 명을 섬기는 □□ 정책을 펼쳤다.

도요토미 히데요시
도요토미 히데요시는 약 100년간 이어진 일본의 전국 시대를 끝내고 일본을 통일한 인물이에요. 하급 무사의 아들로 태어나 무사가 되어 일본을 통일한 후 강력한 통치력을 발휘했지요. 하지만 통일 후 땅을 잃은 무사와 호족의 불만이 커지자 이 문제를 해결하기 위해 조선을 공격했어요. 조선을 점령하여 무사와 호족에게 땅을 나눠 주려 한 것이지요. 하지만 그 뜻을 이루지 못하고 정유재란 때 목숨을 잃어요.

도요토미 히데요시

통신사 조선 시대에 왕의 명으로 일본으로 보내던 사신.

조선, 일본에 통신사를 보내다

그런데 16세기 말, 일본에 큰 변화가 일어났어요.

"이제 일본은 하나다!"

여러 개의 섬처럼 120년간 나누어져 있던 일본이 하나의 나라로 통일된 것이에요. 일본의 통일로 조선에는 흉흉한 소문이 돌았어요.

"곧 일본이 명나라를 공격한다는군."

"아니야. 일본이 조선을 칠 거라는데?"

"그동안 전쟁을 안 해서 군사력이 약해졌을 텐데 큰일이군."

조선은 소문을 알아보기 위해 일본으로 통신사를 보냈어요. 통신사로 일본에 다녀온 사람은 황윤길과 김성일이었지요. 당시 왕이던 선조는 두 사람을 불러 일본의 상황을 물었어요.

먼저 황윤길이 대답했어요.

"일본은 전쟁 준비를 하고 있습니다. 서둘러 대비해야 하옵니다."

황윤길의 말에 관리들은 술렁였어요. 약해진 군사력을 끌어올리려면 많은 준비가 필요했기 때문이지요.

그때 김성일이 목소리를 높여 말했어요.

"그렇지 않습니다. 일본에서 전쟁을 준비하는 모습은 보지 못했습니다. 게다가 일본을 통일한 도요토미 히데요시는 조선을 공격할 정도로 배짱이 있는 사람이 아닙니다."

일본 통신사로 다녀온 두 사람의 말은 완전히 달랐어요. 선조는 당시 조정을 차지한 신하들의 의견대로 김성일의 말을 믿기로 했어요. 전쟁이 나지 않을 수도 있는데 괜히 전쟁 준비를 하는 것은 번거로운 일이라고 여긴 것이지요.

하지만 김성일의 말과 선조의 바람은 틀리고 말았어요. 얼마 후, 일본은 군사 20만 명을 이끌고 조선을 쳐들어왔어요. 1592년, 조선이 방심한 사이에 일본군이 조선 땅을 침략한 임진왜란이 발생한 것이지요.

"우리는 명나라를 치러 갈 테니 조선은 공격 길을 내 주시오!"

일본은 명 공격을 핑계로 조선을 공격했어요. 오랜 전쟁으로 먹고 살기 힘든 일본인들의 불만을 돌리기 위한 속셈이었어요.

조정 임금이 나라의 신하들과 의논하거나 집행하는 곳.
방심하다 마음을 다잡지 않고 풀어 놓아 버리다.

Q2 반짝퀴즈

선조는 일본에 □□□을/를 보내 일본의 상황을 살피게 했다.

☆ 조선의 대외 정책과 임진왜란

- 조선은 명에는 사대 정책으로, 여진과 일본에는 교린 정책으로 교류했다.
- 조선은 사신을 보내 명의 과학 기술을 배워 왔고, 왜관을 세워 일본과 교역했다.
- 조선은 약 200년 동안 큰 전쟁 없이 지내면서 군사력이 약해졌다.
- 조선이 전쟁 준비를 하지 않자 일본이 조선을 침략한 임진왜란이 일어났다(1592년).
- 일본을 통일한 도요토미 히데요시는 일본인들의 불만을 돌리기 위해 조선을 공격했다.

1 다음 조선의 외교 정책과 관련된 나라를 보기에서 모두 찾아 쓰세요.

보기 명 여진 일본

(1) 사대 정책: 작은 나라가 큰 나라를 섬기는 외교 정책.

(2) 교린 정책: 한 나라를 강하게 대하기도 하고, 풀어 주기도 하며 친하게 지내는 외교 정책.

2 다음 상황 이후에 일어난 사건은 무엇입니까? (   )

① 임진왜란 ② 왕자의 난 ③ 거란의 침입
④ 홍건적의 침입 ⑤ 조선의 건국

43회 기출 응용

3 ㉠의 원인과 관련된 내용은 무엇입니까? (   )

역사 돋보기

㉠임진왜란이 일어나다

1592년 일본군이 부산 앞바다로 쳐들어오면서 임진왜란이 시작되었다. 부산에 도착한 일본군은 동래성을 공격했고, 조선군은 힘껏 맞서 싸웠지만 일본군을 막지 못했다. 일본군은 빠르게 한양을 향해 진격했다.

① 여진족이 조선을 도와줬다.
② 조선이 명에 지원군을 보냈다.
③ 조선과 명의 사이가 갑자기 나빠졌다.
④ 조선이 일본에 통신사를 보내지 않았다.
⑤ 도요토미 히데요시가 일본을 통일했지만 지지를 받지 못했다.

붙임 딱지 붙여요.

카드 세계사

조선의 옆 나라인 일본은 통일되기 20여 년 전에 포르투갈과 교류했어요. 포르투갈은 왕실의 뒷받침으로 다른 나라와 무역을 했는데, 일본은 나가사키항에 온 포르투갈 상인들에게 처음 서양의 문물을 받아들였어요. 이때 전해진 것이 조총이에요. 조총은 강력한 무기가 되어 일본을 하나의 나라로 통일하는 데 쓰였고, 임진왜란 때도 일본의 강력한 무기가 되었지요.

나가사키 일본 나가사키현 남부에 있는 항구 도시.
조총 불을 붙여 총알을 발사하는 총.

이순신은 어떻게 일본군을 물리쳤나요?

공부한 날짜: 월 일

임진왜란 때 사용된 무기
임진왜란 때, 조총은 일본의 최신식 무기였어요. 일본은 포르투갈과 교류하며 조총을 얻었지요. 일본군의 조총에 맞선 조선의 무기는 비격진천뢰와 총통이었어요. 비격진천뢰는 선조 때 이장손이 만든 폭탄으로 일정한 시간이 지나면 폭발하는 무기였어요, 총통은 화약을 넣고 화살을 꽂아 발사하는 무기예요.

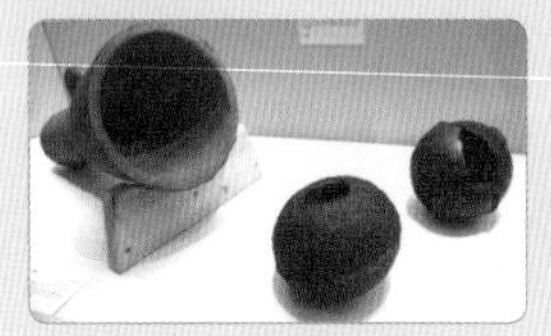
임진왜란 때 사용된 비격진천뢰

첩자 한 국가나 단체의 비밀을 몰래 제공하는 사람.
무장 전투에 필요한 장비를 갖춤.

선조, 피란을 가다

일본의 공격은 거침없었어요. 사실 일본은 조선을 공격하기 위해 오랫동안 많은 준비를 하고 있었어요. 조선에 미리 첩자를 보내 군사 상황을 알아 두고, 서양에서 들여온 '조총'으로 무장도 했어요. 이렇게 일본이 단단히 준비하고 쳐들어오니 아무 준비가 없었던 조선은 당할 수밖에 없었어요.

"일본군이 떼로 몰려오고 있어!"

"이러다간 순식간에 한양을 차지하겠어!"

부산진으로 쳐들어온 일본군은 순식간에 동래성을 차지하고, 경상도를 지나 충주까지 왔어요. 북으로 향하는 일본군의 속도는 무척 빨랐지요.

"충주가 무너지면 한양이 위험하다. 목숨을 걸고 싸워라!"

조선군을 이끌고 충주를 지키던 신립은 일본군을 막기 위해 애를 썼어요. 하지만 결국 막지 못했어요.

"전하, 신립 장군이 충주에서 일본군에 패했다 하옵니다."

"어허, 이거 큰일이구나."

전쟁 상황을 들은 선조는 어쩔 줄 몰랐어요. 이대로 있다가는 자신도 일본군의 공격을 받을까 봐 두려웠어요. 선조는 서둘러 궁궐을 나와 의주로 피란을 갔어요.

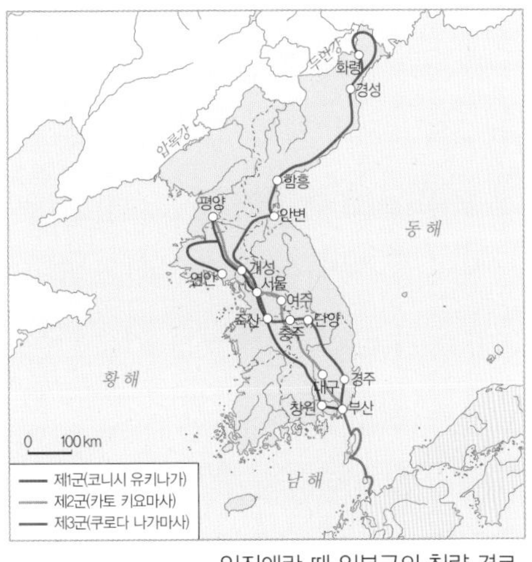

임진왜란 때 일본군의 침략 경로

피란 난리를 피하여 멀리 옮겨 감.
진격 적을 치기 위하여 앞으로 나아감.

"왕이 백성을 버리고 피란을 가다니 억울하고 분하다!"

"정말로 경복궁에 왕이 없는 거요?"

백성들은 궁궐로, 관청으로 달려갔어요. 화가 난 일부 백성들은 궁궐과 관청에 불을 지르기도 했지요.

이러는 사이에 일본군은 빠른 속도로 한양까지 올라왔어요. 일본군은 진격을 멈추지 않고 계속 북쪽을 향해 올라왔고, 6월에는 평양과 함경도까지 쳐들어왔어요.

Q1 반짝퀴즈

일본군이 한양으로 올라온다는 말에 □□은/는 궁궐을 떠나 의주로 피란을 갔다.

이순신과 거북선
거북선은 임진왜란 때 이순신이 우리 수군의 전투선이었던 판옥선을 개조하여 만들었어요. 거북선은 해전을 할 때 가장 앞에서 적을 공격하는 역할을 했어요.
거북선은 배 앞에 거북 모양의 용머리를 달아 불과 연기를 뿜으며 적의 기운을 빼앗았어요. 그리고 등판에 뾰족한 쇠를 박아 적이 쉽게 배에 올라오지 못하게 했어요. 또, 옆구리에는 총구멍을 만들어 적을 향해 쉴 새 없이 포탄을 날리게 했지요. 이런 거북선 앞에서 일본군은 쉽게 공격할 수 없었어요.

거북선(복원)

수군절도사 조선 시대에, 각 도의 수군을 통솔하던 일을 맡아보는 정심품 무관 벼슬.

이순신, 조선의 바다를 지키다

부산을 통해 조선 땅을 밟은 일본군은 거침없이 공격을 이어 갔어요. 조선군이 전투에서 계속 패한다는 소식을 들은 선조는 급히 명에 도움을 요청했어요. 그런데 바다에서는 상황이 달랐어요. 조선에는 바다를 지키는 이순신이 있었기 때문이지요.

훗날 수군절도사가 된 이순신은 일본군의 침략에 대비하여 1년 전부터 미리 준비하고 있었어요. 무기를 고치고, 군사 훈련도 열심히 시켜 두었지요. 그 결과 이순신은 첫 전투부터 큰 승리를 거뒀어요.

1592년 5월, 옥포 앞바다에서 일본군의 배 30척이 조선 수군에 둘러싸였어요. 조선은 일본 배를 향해 포를 쏘고, 화살을 퍼부었어요. 옥포 해전에서 조선은 일본의 배 26척을 부수고 큰 승리를 거뒀어요.

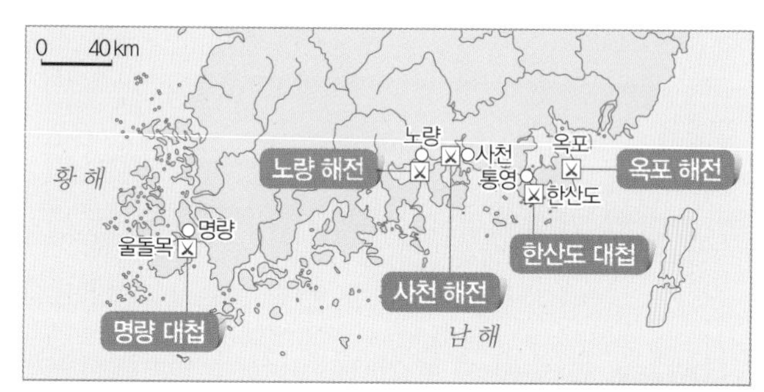

이순신 해전도

한편 이순신은 연달아 한산도 앞바

다에서 배를 학의 날개처럼 둥글게 배치하고 적을 공격하여 크게 승리했어요. 이 전쟁을 '한산도 대첩'이라고 해요. 이순신이 이끄는 조선 수군의 승리는 계속 이어졌지요.

이순신

이순신은 거북선을 앞세워 일본군을 맹렬히 공격했어요.

수군 조선 시대 바다에서 국방과 치안을 맡아보던 군대.
한산도 경상남도 통영시 한산면에 속하는 섬.
판옥선 명종 때 개발한 전투용 배. 2층 구조로 되어 있어 1층에서는 노를 젓고, 위에서는 전투를 벌였음.

"불을 내뿜는 저 배는 뭐지?"

명량 앞바다에서 거북선을 본 일본군은 두려웠어요. 배 앞 용머리에서 붉은 불이 뿜어져 나오고 사방에서 화살을 쏘아 피하기 어려웠지요. 거북선 뒤로는 여러 척의 판옥선이 따라가며 일본군을 물리쳤지요.

"앞서간 일본군에게 무기와 식량을 보내고, 군사들도 더 보내야 하는데 이순신 때문에 육지로 들어갈 수가 없군."

이순신과 조선 수군의 승리로 일본의 공격에 어려움이 닥쳤지요. 바다에서의 승리는 일본군이 육지로 들어가는 길을 막아 임진왜란의 피해를 줄였어요. 또, 조선에 희망과 자신감을 주었답니다.

Q2 반짝퀴즈

□□□은/는 임진왜란 전부터 미리 전쟁 준비를 하여 바다에서 일본군을 크게 무찔렀다.

일본군의 침입과 이순신의 승리

- 조선은 철저한 준비로 임진왜란을 일으킨 일본군에 계속 패해 한양까지 점령당했다.
- 선조는 일본군을 피해 의주로 피란을 갔고, 명에 도움을 요청했다.
- 이순신과 조선 수군은 임진왜란 전부터 대비해서 일본 수군에 모두 승리했다.
- 이순신은 옥포 해전, 한산도 대첩, 명량 대첩 등에서 일본군에 큰 승리를 거두었다.
- 이순신이 바다에서 일본군을 막은 덕분에 조선은 전쟁의 피해를 줄일 수 있었다.

1 다음 거북선에 대한 설명으로 <u>틀린</u> 것은 무엇입니까? (　　　　)

① 세종의 지시로 만들어졌다.
② 배 옆구리에서는 총을 쏠 수 있었다.
③ 전투 때 제일 앞에서 공격하는 역할을 했다.
④ 배에 지붕을 덮고 철심을 박아 적의 공격을 막았다.
⑤ 용머리에서 뿜는 불과 연기는 적에게 두려움을 주었다.

2 다음 질문에 대한 답으로 바른 것을 <u>모두</u> 찾아 ○표 하세요.

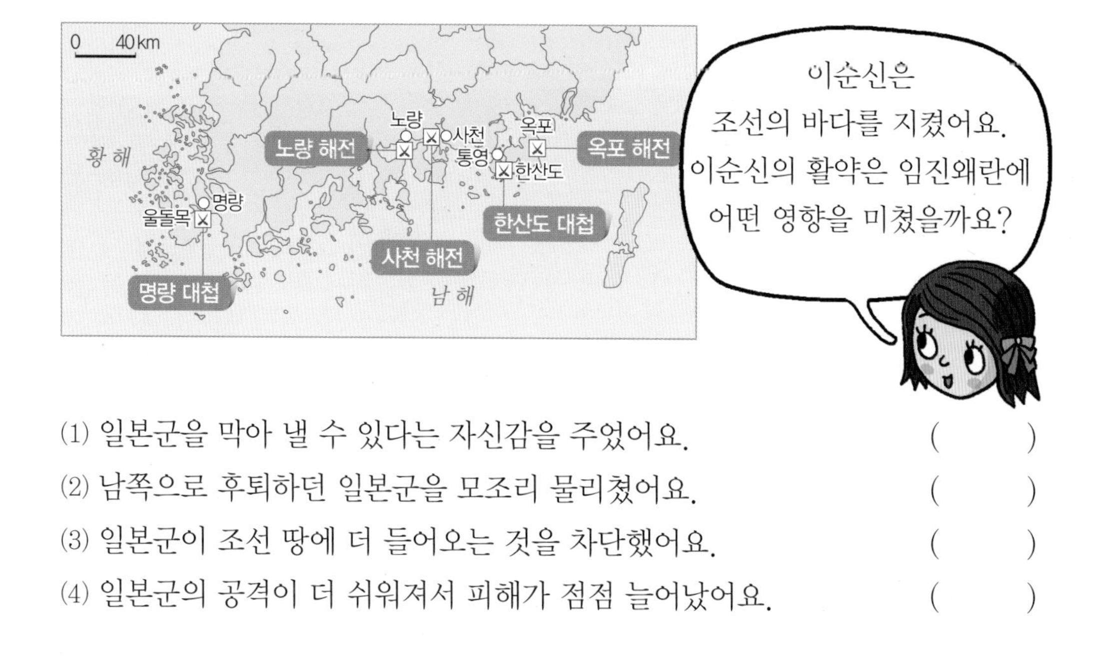

(1) 일본군을 막아 낼 수 있다는 자신감을 주었어요. (　　)
(2) 남쪽으로 후퇴하던 일본군을 모조리 물리쳤어요. (　　)
(3) 일본군이 조선 땅에 더 들어오는 것을 차단했어요. (　　)
(4) 일본군의 공격이 더 쉬워져서 피해가 점점 늘어났어요. (　　)

45회 기출 응용

3 다음 (가)에 들어갈 전투는 무엇입니까? (   )

① 귀주 대첩
② 살수 대첩
③ 노량 해전
④ 옥포 해전
⑤ 한산도 대첩

붙임 딱지 붙여요.

카드 세계사

영국-스페인 전쟁

조선 수군이 임진왜란 때 활약하기 전인 1588년, 영불 해협에서는 무적함대라고 불리는 스페인 해군과 영국 해군이 맞붙는 전투가 벌어졌어요. 두 나라는 서로의 지배력을 빼앗기지 않기 위해 맞섰지요. 스페인의 함대는 오스만 튀르크군을 물리칠 정도로 강해 무적함대라 불렸지만, 예상을 깨고 영국 함대가 스페인 함대를 물리치고 승리했지요. 이 승리를 계기로 영국은 세계의 강대국이 되었어요.

영불 해협 영국의 섬과 프랑스 사이 바다.
무적함대 겨룰 만한 적이 없는 강한 함대.
오스만 튀르크 오스만 1세가 세운 이슬람 제국.

공부한 날짜: 월 일

조선은 임진왜란을 어떻게 극복했나요?

조선을 지킨 의병
우리나라는 나라에 어려움이 닥칠 때마다 의병이 일어났어요. 임진왜란 때 의병은 나라를 지키겠다는 강한 마음 때문인지 불리한 상황에서도 놀라운 성과를 거뒀지요.
담양에서는 고경명, 나주에서는 김천일, 의령에서는 곽재우, 금산에서는 조헌, 길주에서는 정문부, 금강산에서는 사명 대사, 묘향산에서는 서산 대사가 의병장으로 각각 활약했어요.

승려 불교에 출가한 수행자.
홍의 장군 의병장 곽재우가 붉은 옷을 입고 지휘를 하여 붙여진 별칭.

의병, 목숨을 바쳐 싸우다

바다에서 이순신에게 혼쭐이 난 일본은 육지에서는 조선 의병들의 공격에 당했어요. 의병은 나라가 어려움에 처할 때면 어김없이 일어나 나라를 구하기 위해 나서 싸운 사람들이지요. 전직 관리나 선비, 승려들이 지도자가 되어 백성들을 이끌고 적에 맞섰어요.

홍의 장군이라고 불린 곽재우는 경상도 의령에서 의병을 이끈 의병장이에요. 자신의 재산을 털어 의병을 먹이고, 일본군을 물리쳤지요. 곽재우를 시작으로 의병은 전국 곳곳에서 힘을 발휘했어요.

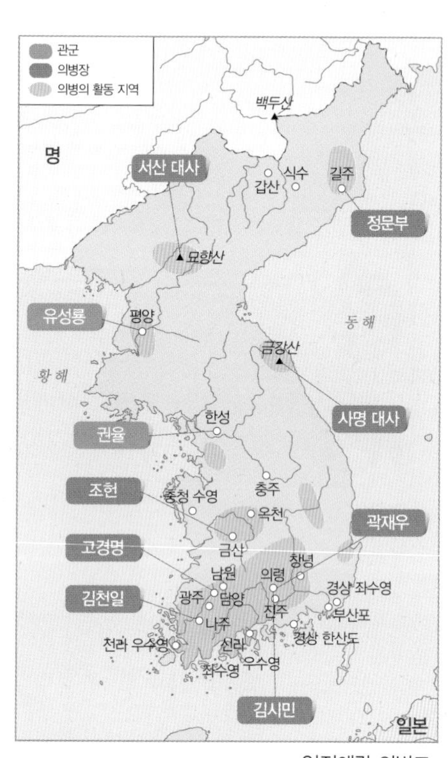

임진왜란 의병도

"어찌 훈련받은 일본 군사가 조선의 의병에게 당한단 말인가?"

행주 대첩 기념비

"조선의 의병들은 두려움 없이 덤벼서 당해 내기가 힘이 듭니다."

"마을 곳곳에 숨어 있다가 갑자기 공격해서 대비가 어려워요!"

일본군은 의병 때문에 골머리를 앓았고, 의병들은 전국 곳곳에서 활약했지요.

의병들은 조선 관군과 힘을 모아 싸우기도 했어요. 대표적인 것이 진주 대첩이에요. 이순신이 바다를 막아 조선 땅으로 들어갈 수 없었던 일본은 진주성을 공격하여 조선으로 가는 길을 만들려고 했어요. 이때 진주 목사인 김시민과 의병장 곽재우가 힘을 모아 일본군에 대항했어요. 조선군은 진주성에서 일본군을 크게 무찔렀지요.

조선 관군의 승리 소식도 들려왔어요. 명의 군대가 들어와서 조선을 도왔고, 권율은 군사와 의병, 백성들과 함께 일본군을 물리치고 큰 승리를 거두었어요(행주 대첩). 행주산성에서 크게 패한 일본은 강화 회담을 제안했지요. 전쟁을 마무리하려고 명과 일본이 협정에 나섰지만 제대로 이뤄지지 않았어요. 일본은 다시 전쟁을 벌였고, 이것을 '정유재란(1597년)'이라고 해요. 다시 시작된 전쟁에서 일본은 이순신의 명량 대첩 등에서 패한 뒤 조선 땅에서 쫓겨났어요. 이로써 7년 동안 이어진 전쟁이 끝이 났지요.

관군 예전에, 국가에 소속되어 있던 정규 군대.
목사 조선의 지방 행정 단위인 목을 지휘하는 관직.
강화 회담 싸우던 두 편이 싸움을 그치고 평화로운 상태가 되도록 하는 회담.

임진왜란이 닥치자 곳곳에서 □□이/가 일어나서 일본군에 맞서 싸웠다.

일본으로 간 조선 통신사
통신사는 나라에서 보내는 외교 사절단이에요. 조선과 일본은 통신사를 보내 교류를 했지요.
임진왜란으로 한동안 가지 않던 통신사는 일본의 요청으로 다시 일본으로 갔어요. 이때 사명 대사를 보내 임진왜란 때 끌려간 조선 사람들을 데리고 오게 했지요.
통신사는 이후에도 정기적으로 가서 두 나라 사이에 친분 관계를 유지했어요. 통신사가 떠날 때면 의원, 화원(화가), 인쇄공, 약공 등 다양한 기술을 가진 사람들이 함께 가 일본에 조선의 기술과 문화를 전해 주었답니다.

전쟁으로 인해 큰 피해를 입다

7년간 이어진 전쟁은 백성들에게 씻기 힘든 상처를 남겼어요. 임진왜란은 일본과 조선의 전쟁이었지만 전쟁이 일어난 곳이 조선 땅이었기 때문이에요. 따라서 조선 백성들의 피해는 매우 컸지요.

전쟁으로 조선에서는 수많은 사람들이 목숨을 잃었어요. 잠시 멈춘 적도 있었지만 장장 7년간 전쟁이 이어졌으니 군사는 물론 의병에 나섰던 사람들, 일반 백성까지 목숨을 잃는 일이 많았지요.

조선의 농지는 3분의 1로 줄었어요. 전쟁 통에 논밭이 황폐하게 변해서 농사지을 땅이 줄어든 것이지요. 게다가 전쟁 이후 흉년이 들고 전국에 질병이 돌아 백성들의 삶은 몹시 비참해졌어요.

"전쟁은 끝났지만 살기는 여전히 힘들구나."

"언제쯤 예전처럼 살 수 있을까?"

삶의 터전을 잃은 백성들은 여기저기 돌아다니며 떠돌이 생활을 하기도 했어요. 나라의 세금도 잘 걷히지 않아 나라 살림도 몹시 어려워졌지요.

전쟁으로 사라진 문화재도 많았어요. 경복궁, 창덕궁 등 궁궐과 불국사가 불타고, 『조선왕조실록』을 보관해 둔 사고가 불탔어요. 조선은 『조선왕조실록』을 보관하기 위해 전국 4곳에 사고를 마련해 두었는데 3곳이 불타고, 전주 사고 한 곳만 남았지요.

또, 일본은 자기 나라로 돌아가기 전에 조선의 활자, 책, 그림 등을 불태우거나 빼앗아 일본으로 가지고 갔어요.

"조선의 문화는 역시 뛰어나군! 이번에 모두 가지고 가겠어!"

"맞아, 도자기 만드는 기술자와 유학자도 데리고 가면 일본 문화를 빨리 발전시킬 수 있겠어."

"그거 좋은 방법이군!"

일본은 전쟁 통에 조선의 도자기 기술자인 도공과 유학자를 일본으로 끌고 가서 일본 문화를 발전시켰어요.

한편 임진왜란에 참전한 명도 큰 피해를 입었어요. 조선에 군사를 보내면서 군사력이 약해진 명은 여진족의 공격을 받고 나라가 위태로워졌어요.

사고 국가의 중요한 서적을 보관하던 서고.
참전하다 전쟁에 참여하다.

일본은 임진왜란 때 조선의 유학자와 도자기 기술자인 □□을/를 끌고 가 문화 발전을 이루었다.

□ □

나라를 지킨 의병과 임진왜란의 피해

- 일본으로부터 조선을 지키기 위해 전국 곳곳에서 의병이 일어났다.
- 진주 대첩과 행주 대첩 등 조선군이 승리하자 일본이 강화 회담을 제안했다.
- 정유재란을 일으킨 일본이 명량 대첩 등의 패배로 조선에서 쫓겨나며 전쟁이 끝났다.
- 임진왜란으로 수많은 사람이 목숨을 잃고, 농지가 줄어 백성들의 삶이 더 힘들어졌다.
- 임진왜란으로 문화재가 불타고, 조선의 도공과 유학자가 일본으로 끌려갔다.

1 ㈎에 들어갈 내용으로 알맞은 것은 무엇입니까? (   )

① 정유재란 ② 행주 대첩 ③ 노량 해전
④ 옥포 해전 ⑤ 한산도 대첩

2 조선이 임진왜란으로 입은 피해로 알맞은 것을 모두 찾아 ○표 하세요.

⑴ 경복궁, 창덕궁 등 궁궐이 불탔다. (   )
⑵ 『조선왕조실록』이 모두 불타 없어졌다. (   )
⑶ 조선의 도공과 유학자들이 일본으로 끌려갔다. (   )
⑷ 많은 사람이 죽었지만 농지는 전혀 줄지 않았다. (   )

41회 기출 응용

3 ㉠~㉤ 중 다음에서 설명하는 '이곳'을 찾아 기호를 쓰세요. (   )

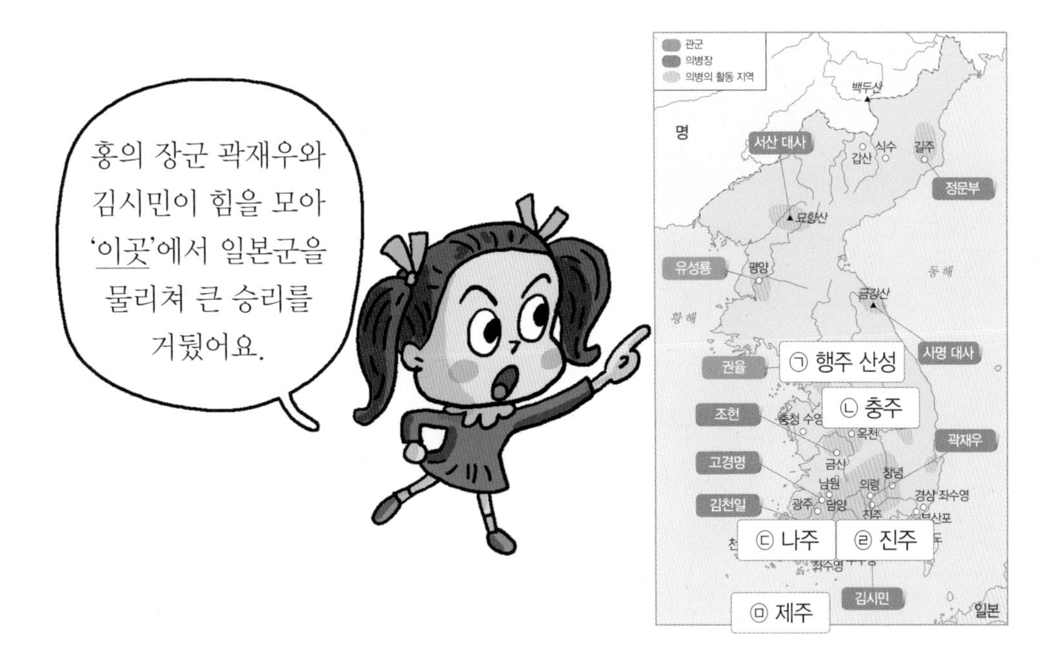

붙임 딱지 붙여요.

카드 세계사

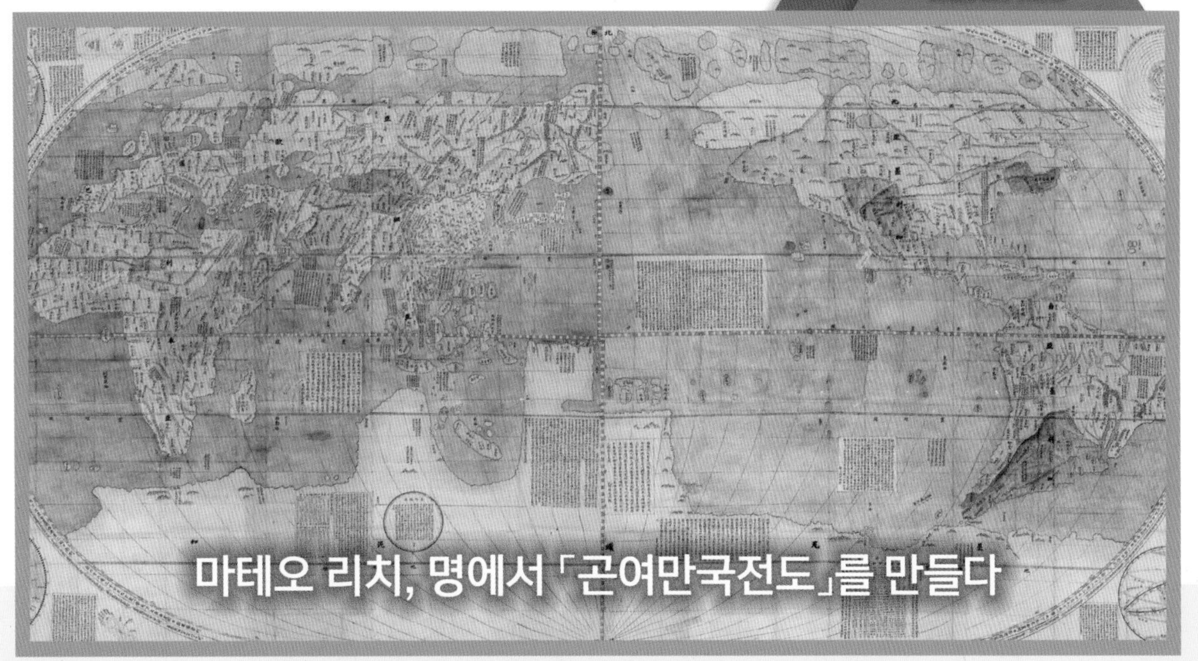

정유재란이 벌어지던 1598년에 명에는 마테오 리치라는 선교사가 천주교를 전하기 위해 찾아왔어요. 마테오 리치는 1602년에 「곤여만국전도」라는 세계 지도를 만들었어요. 이 지도에는 아시아, 유럽, 아프리카, 아메리카, 오세아니아, 남극까지 표시되어 있고, 각 지역에 사는 민족과 특산물까지 설명하고 있어요. 이 지도는 나중에 조선에도 전해져서 중국 말고도 더 넓은 세상이 있음을 알려 주었어요.

선교사 외국에서 파견되어 기독교의 전도에 종사하는 사람.

광해군은 왜 중립 외교를 펼쳤나요?

공부한 날짜: 월 일

허준의 『동의보감』
조선 시대에, 의관인 허준이 선조의 명에 따라 만들기 시작하여 광해군 때 편찬한 의학 책이에요. 내·외과 등으로 나누어 각 병에 따른 진단과 처방이 적혀 있어요.
동양에서 가장 우수한 의학서의 하나로 평가되며, '탕약편'에는 주변에서 나는 수백 종의 약초 이름이 한글로 적혀 있어요. 2009년에 유네스코 세계 기록 유산으로 지정되었어요.

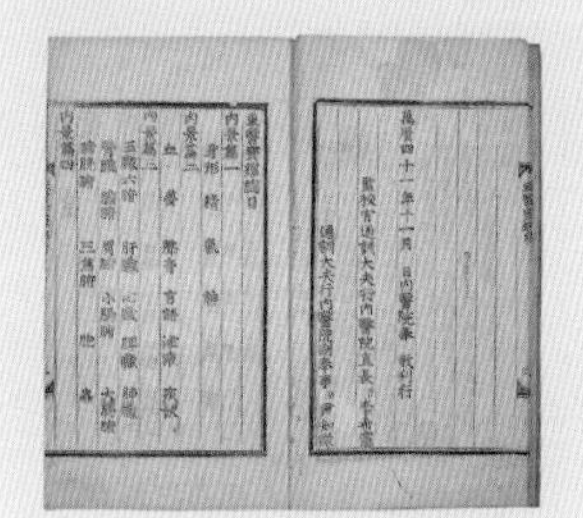
허준, 『동의보감』

광해군, 조선을 되살리기 위해 나서다

황폐한 조선을 되살리기 위해 나선 사람은 선조에 이어 왕위에 오른 광해군이었어요. 광해군은 임진왜란 당시 세자의 몸으로 군사를 이끌고 전쟁에 나서며 백성들과 어려움을 함께했어요. 그래서 조선 백성들은 선조는 원망했지만 광해군은 잘 따랐지요.

광해군은 백성들을 위해 할 일을 먼저 생각했어요. 그래서 백성들의 세금 부담을 덜기 위해 경기도 지역에서 '대동법'을 실시했어요.

"이제 땅이 있는 사람만 토지 1결마다 16말의 쌀을 내면 된대요."

"공물도 특산물로 따로 내지 않아도 된다니 정말 다행이에요."

대동법은 모든 세금을 쌀로 내게 하는 법이에요. 즉 땅을 가진 사람은 땅의 크기에 따라 세금을 내고, 백성들도 공물로 내던 특산물 대신 쌀이나 옷감으로 내게 했어요. 그러자 땅이 많은 양반들은 대동법을 싫어했지만 대부분의 백성은 환영했어요. 백성들은 세금이

줄어들고, 구하기도 힘들고 값도 때에 따라 달랐던 특산물을 바치지 않게 된 것을 반겼지요.

광해군은 나라를 안정시키기 위해서 인구와 토지 조사도 실시했어요. 전쟁으로 호적과 토지 대장이 모두 불타 버려서 새로 만들어야 했기 때문이에요. 새로 만든 호적과 토지 대장으로 세금을 걷을 수 있어서 나라 살림에도 도움이 되었지요.

광해군은 군사력도 가다듬었어요. 전쟁으로 고통받았던 것을 떠올리며 망가진 무기를 점검하고, 군사들을 훈련시키는 일을 게을리할 수 없었지요.

"전쟁 이후 백성들을 괴롭히는 질병들은 어찌 되었는가?"

"허준이 『동의보감』을 완성하여 백성들에게 큰 도움이 되고 있다고 하옵니다."

"그것참, 다행이구나!"

광해군은 사회 안정에 도움이 되는 책을 만드는 데도 관심을 기울였어요. 선조 때부터 만들기 시작했던 의학 책인 『동의보감』이 광해군 때에 완성되었지요.

공물 세금으로 나라에 내는 특산물.
호적 호주를 중심으로 하여 가족의 이름, 생년월일 등 신분에 대한 사항을 기록한 것.

광해군은 □□□을/를 실시하여 백성들의 세금 부담을 줄여 주었다.

왕으로 남지 못한 광해군

광해군은 선조와 후궁 사이에서 태어난 아들이었어요. 왕과 왕비 사이에서 태어나지 않았기 때문에 보통 세자가 될 수 없는 위치였지요. 하지만 임진왜란이라는 급박한 상황에서 선조는 광해군을 세자로 삼았고, 세자였던 광해군은 선조에 이어 왕이 되었지요. 하지만 후궁이 낳은 아들이 왕이 되었다는 사실로 왕위는 위태롭기만 했어요. 그래서 광해군은 왕권을 안정시키기 위해 동생과 형을 죽였지요. 광해군에 반대하는 세력은 이 일을 핑계 삼아 광해군을 왕위에서 끌어내렸어요. 광해군의 중립 외교도 명과의 의리를 지키지 않은 몹쓸 짓이라며 깎아내렸지요. 이런 사정으로 광해군은 역사에 왕으로 기록되지 못했어요.

광해군, 중립 외교를 펼치다

7년간 이어진 임진왜란은 나라 안팎으로 많은 영향을 미쳤어요. 조선을 돕겠다고 군사를 보냈던 명은 빠르게 국력이 약해져 여진족이 세운 후금의 공격을 받았어요. 그러자 이번에는 명이 조선에게 도와 달라고 부탁했지요.

"전하, 우리를 도와준 명나라가 위태롭습니다. 어서 조선군을 보내 도와야 합니다."

"전하, 여진족이 세운 후금의 국력이 만만치 않습니다. 명나라를 돕다가 우리가 위태로워질 수도 있습니다."

신하들은 서로 다른 의견을 내며 대립했어요. 광해군은 깊은 고민에 빠졌지요.

'명나라는 우리를 도운 나라인데 어쩌지? 하지만 이제 막 전쟁에서 벗어났는데 다시 백성을 위태롭게 할 수는 없어.'

오랜 시간 고민한 끝에 광해군은 강홍립을 조용히 불렀어요.

"군사 1만 명을 이끌고 명나라로 떠나게."

"명나라와 힘을 모아 후금을 공격하는 것입니까?"

"그렇네. 그런데 상황을 잘 살펴서 전쟁이 불리해지면 바로 항복을 하게. 후금을 적으로 만들어선 안 되네."

광해군의 당부대로 강홍립은 압록강을 건너 전쟁터로 갔어요. 그리고 적당한 때 후금에 항복을 하고, 싸울 뜻이 없다는 것을 알렸어요. 이것으로 조선은 명과의 의리도 지키고, 후금으로부터 나라도 지킬 수 있었지요. 누구 편도 들지 않은 '중립 외교'를 펼친 것이지요.

『광해군 일기』

하지만 신하들은 광해군의 '중립 외교'를 비판했어요.

"광해군은 유교의 도리를 모르니 왕의 자격이 없어!"

일부 신하들이 힘을 모아 광해군을 왕위에서 끌어내렸어요. 그리고 광해군의 조카인 인조를 왕으로 세웠지요. 이것을 '인조반정'이라고 해요.

반정 옳지 못한 왕을 끌어내리고 새 왕을 세워 나라를 바로잡음.

광해군은 명과 후금 사이에 □□ 외교를 펼쳐 전쟁을 피했다.

광해군과 중립 외교

- 광해군은 전쟁의 피해를 극복하기 위해 대동법을 실시하고, 호적과 토지 대장을 정리했다.
- 광해군 때 백성들의 질병을 고치기 위해 선조 때부터 만들던 의학 책 『동의보감』을 완성했다.
- 광해군은 조선 백성의 희생을 막기 위해 명과 후금 사이에서 중립 외교를 펼쳤다.
- 광해군은 중립 외교로 명에 의리도 지키고, 후금으로부터 조선을 지킬 수 있었다.
- 광해군에 반대한 신하들이 인조반정을 일으켜 광해군이 물러나고 인조가 왕이 되었다.

1 다음 대화와 관련된 광해군이 펼친 정책은 무엇입니까? (   )

① 북벌론　　② 사대교린　　③ 중립 외교
④ 개혁 정책　　⑤ 북진 정책

2 다음 책에 대한 설명으로 <u>틀린</u> 것은 무엇입니까? (   )

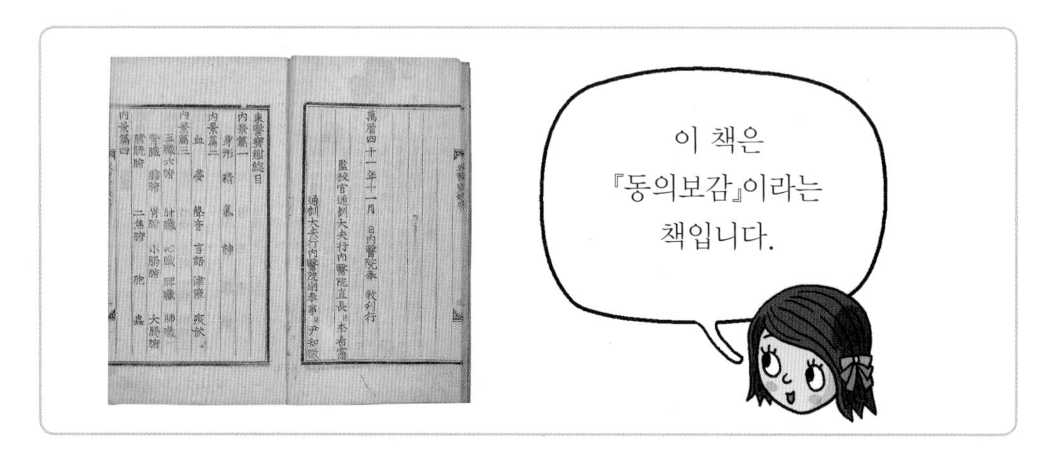

① 선조의 명을 받아 광해군 때 완성했다.
② 유네스코 세계 기록 유산으로 지정되었다.
③ 조선 시대 의관이었던 허준이 쓴 의학 책이다.
④ 조선의 왕들과 관련된 역사적 사실이 연도별로 기록되어 있다.
⑤ 병을 고치는 데 필요한 수백 종의 약초 이름이 한글로 적혀 있다.

41회 기출 응용

3 (가)에 들어갈 내용으로 알맞은 것에 ○표 하세요.

주제 탐구 계획	
탐구 주제	광해군의 업적
탐구 내용	(가)

(1) 과전법을 실시했다. ( )
(2) 4군 6진을 개척했다. ( )
(3) 호패법을 처음으로 실시했다. ( )
(4) 대동법을 실시하고 중립 외교를 펼쳤다. ( )

4주 4일 학습 끝!
붙임 딱지 붙여요.

카드 세계사

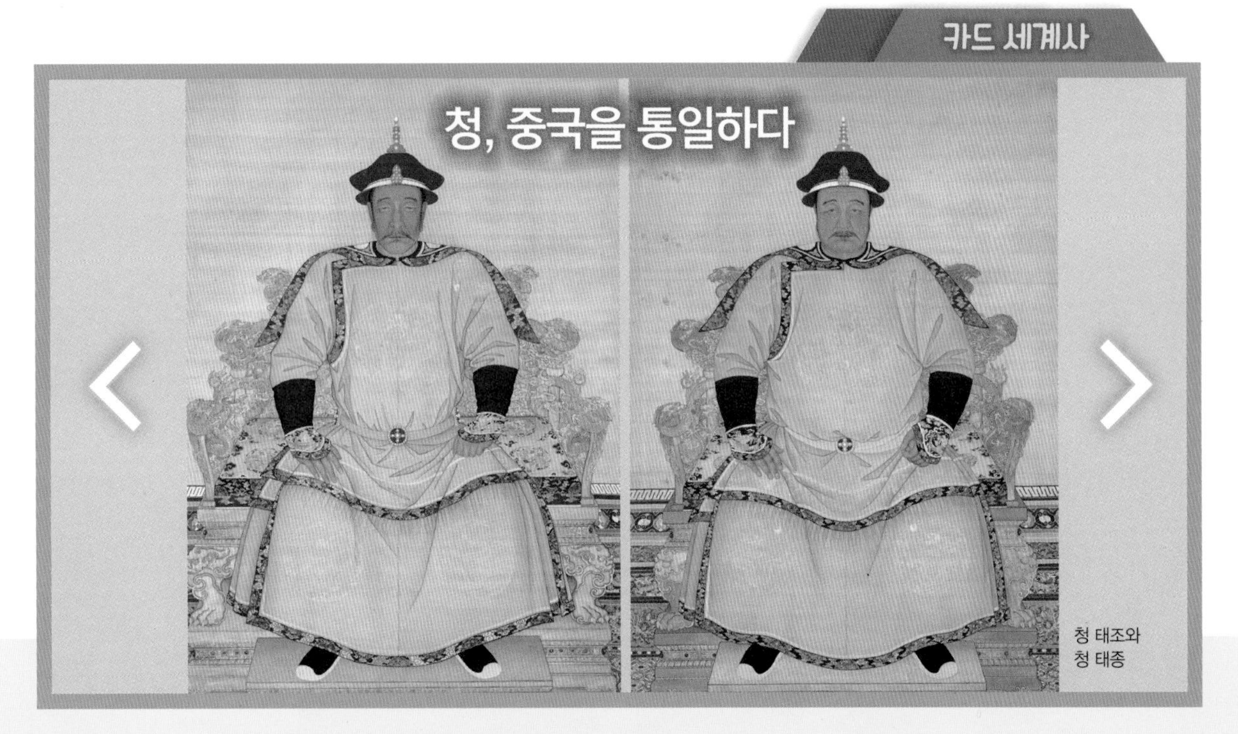

청 태조와 청 태종

광해군이 물러나고 인조가 왕위에 있던 1636년에는 후금이 나라 이름을 청으로 바꿨어요. 후금은 여진족인 누르하치가 세운 나라로, 나날이 국력을 키워 만주와 몽골 지역까지 지배하였고, 나라 이름을 청으로 바꾸었어요. 하지만 청은 아직 문화적으로는 발달하지 못해 명의 관리나 백성을 받아들이는 데 적극적으로 나섰어요. 결국 1644년에 명이 멸망하면서 청이 중국을 통일하지요.

누르하치 후금의 초대 황제. 여진족을 통합하고 청의 기틀을 세움.

병자호란은 왜 일어났나요?

공부한 날짜: 월 일

주화파와 척화파
정묘호란 뒤 후금은 나라 이름을 청으로 바꾸고 인조에게 신하의 예를 갖추라고 강요했어요. 그러자 조정은 주화파와 척화파로 나뉘어 대립했어요. '주화파'는 청과 화해하자고 주장한 세력이에요. 전쟁을 한다고 해도 이길 확률이 없으니 우선 화해하고 힘을 키워야 한다는 생각이었어요. 주화파의 대표적인 인물은 최명길이었지요.
'척화파'는 명과 의리를 지키고 청에 맞서 싸우자고 주장한 세력이에요. 오랑캐인 청(후금)과 가까이 지낼 수 없다는 생각이었어요. 척화파의 대표적인 인물은 김상헌이었지요.

정묘호란 1627년에 후금이 인조반정의 부당성을 내세우고 침입하여 일어난 난리.

조선, 명을 가까이 하고 후금을 멀리하다

새롭게 왕위에 오른 인조는 광해군과 뜻을 같이했던 세력을 모조리 쫓아냈어요. 조선은 광해군을 반대했던 세력의 세상이 되었지요. 따라서 조선의 외교 정책도 확연히 달라졌어요.

"후금을 가까이 하다니요. 후금은 여진족이 세운 나라니 오랑캐가 아닙니까?"

"맞아요. 우리는 원래대로 명나라와 가까이 지내고 후금은 멀리해야 합니다."

사실 중국 대륙에서는 후금의 국력이 나날이 강해지고 명의 세력은 나날이 약해지고 있었는데, 조선은 이것을 인정하지 않았어요. 한편 광해군의 중립 외교로 조선을 적으로 대하지 않았던 후금은 달라진 조선의 태도에 화가 났어요.

1627년, 후금이 조선으로 쳐들어왔어요. 정묘호란이 일어난 것이지요. 후금은 광해군을 쫓아낸 것을 문제 삼으며 밀고 들어왔어요. 사실은 명을 무너뜨리기 위해 명과 가까이 지내는 조선을 먼저 공격

하려는 속셈이었어요. 후금이 명을 공격할 때 뒤에서 조선이 후금을 공격한다면 전쟁에 불리할 것이라는 계산이 있었지요.

"후금의 군사들이 몰려오고 있습니다!"

조선은 후금의 공격에 밀려 후퇴했어요. 그사이 인조는 강화도로 피란을 갔어요.

"왕이 강화도로 피란을 갔어. 나라의 앞날이 걱정이군."

정묘호란과 병자호란 전투도

후금의 공격에 백성들은 또다시 고통에 빠지고 말았어요. 일부 관리들은 백성들의 어려움을 헤아려 후금과 화해하자고 했고, 또 다른 관리들은 여전히 후금에 맞서야 한다고 했어요. 하지만 현실은 후금과 화해하는 방법뿐이었지요.

조선은 후금과 형제의 나라로 지내기로 하고 정묘호란에서 벗어났어요.

조선이 명과 가까이 지내고 후금을 멀리하자 1627년에 □□□□이/가 일어났다.

효종의 북벌론
효종의 북벌론은 조선의 자존심을 되찾기 위한 몸부림이었어요.
병자호란 이후 인질로 끌려간 봉림 대군은 형인 소현 세자와 달리 삼전도의 굴욕을 잊지 않고, 청을 공격하려는 마음을 키웠지요. 그래서 왕이 되었을 때 임기 내내 군사를 키워 청을 공격하자는 북벌 정책을 주장했어요.
그리고 효종은 북벌론에 찬성하는 사람을 관리로 기용하고, 청을 공격하기 위한 군사력을 키웠어요. 하지만 왕이 된 후 10년 만에 갑자기 죽으면서 북벌론은 실행하지도 못하고 끝이 났어요.

병자호란이 일어나다

정묘호란 이후 후금은 점점 더 세력이 강해졌어요. 후금은 나라 이름을 '청'으로 바꾸고 조선에 형제의 나라가 아니라 신하의 나라가 되라고 요구했어요.

"청나라가 아무리 힘이 세다고 해도 오랑캐를 임금으로 섬길 수는 없는 일입니다."

"맞습니다. 해마다 더 많은 공물을 달라고 할 것인데, 청나라를 멀리해야 합니다."

조선은 청의 요구를 받아들이지 않았어요. 그러자 청은 다시 조선을 공격해 왔어요. '병자호란'이 일어난 것이에요(1636년).

청의 10만 대군은 압록강을 건넌 지 5일 만에 한양을 차지했어요. 인조는 급하게 남한산성으로 몸을 피했지요. 그러자 청의 군사들은 인조가 있는 남한산성을 둘러쌌어요. 인조는 남한산성에 꼼짝없이 갇힌 꼴이 되었지요. 남한산성에서 40여 일을 대항하던 인조는 결국 청에 항복할 수밖에 없었어요. 청은 삼전도에 나와 머리를 땅에 대고 절하여 항복하라고 했어요. 이것을 '삼전도의 굴욕'이라고 해요.

그 뒤 청은 조선에 여러 가지를 요구했어요. 명과의 관계를 끊고, 군사를 보낼 것, 청을 임금의 나라로 섬길 것, 청의 연호를 쓰고 해마다 공물을 보낼 것, 세자와 왕자, 조선 관리의 자식을 인질로 보낼 것 등이었지요. 병자호란으로 조선은 백성들이 의병으로 맞서 겨우 나라는 지켰지만 엄청난 피해를 입었어요.

삼전도비

인질 억지로 끌려가 머물게 한 사람.
북벌 북쪽 지역을 공격하자는 일.

이후 인조는 왕위를 소현 세자가 아닌 봉림 대군에게 물려주었어요. 소현 세자와 봉림 대군은 모두 청에 인질로 끌려갔다가 돌아왔어요. 소현 세자는 새로운 문물을 적극적으로 받아들이자는 입장이었고, 봉림 대군은 삼전도의 굴욕을 꼭 갚겠다는 입장이었지요. 인조는 자신의 굴욕을 되갚겠다는 봉림 대군을 다음 왕으로 세웠는데, 그 왕이 바로 효종이에요. 효종은 왕위에 있던 기간 내내 군사를 길러 청을 공격하자는 북벌 정책을 주장했어요. 하지만 오랜 전쟁으로 지친 백성들은 원치 않았고 효종이 갑자기 죽는 바람에 끝이 났어요.

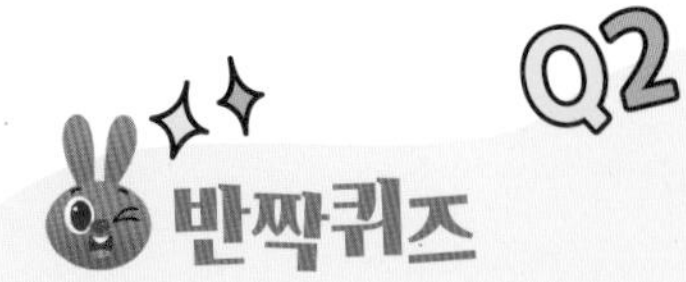

효종은 삼전도의 굴욕을 갚기 위해 □□ 정책을 주장하지만 실행하지 못했다.

정묘호란과 병자호란

- 인조가 명을 가까이하고 후금을 멀리하자 정묘호란이 일어났다(1627년).
- 정묘호란은 조선과 후금이 형제의 나라가 되기로 하고 끝맺었다.
- 신하의 나라가 되라는 청의 요구를 조선이 거부하자 병자호란이 일어났다(1636년).
- 남한산성으로 피란 갔던 인조가 삼전도에서 청에게 항복하는 삼전도의 굴욕을 당했다.
- 효종은 삼전도의 굴욕을 되새기며 북벌 정책을 주장하지만 실현되지 못했다.

1 다음 그림과 관련된 사건을 찾아 줄로 이으세요.

(1)

(2)

① 병자호란

② 정묘호란

2 다음은 정묘호란과 병자호란의 전투 지도입니다. 이 전쟁에 대한 설명으로 알맞은 것은 무엇입니까? (   )

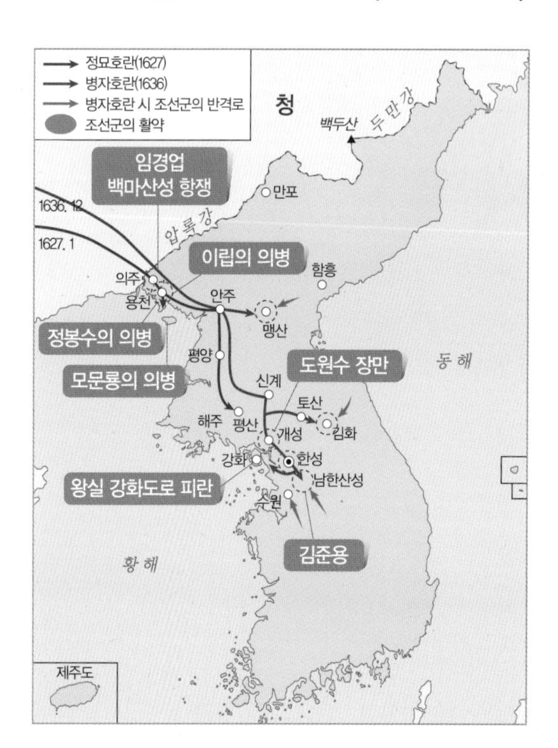

① 모두 일본과 벌인 전쟁이다.

② 의병이 전혀 일어나지 않은 전쟁이다.

③ 조선이 북벌하려고 일으킨 전쟁이다.

④ 병자호란 때 왕이 강화도로 피란을 갔다.

⑤ 조선의 피해가 커서 백성들이 고통을 받았다.

40회 기출 응용

3 (가)에 공통으로 들어갈 문화유산에 ○표 하세요.

> 사회자: 오늘 소개해 주실 문화유산은 무엇인가요?
> 설명사: (가) 은 병자호란 때 인조가 청의 공격을 피해 머물던 곳입니다. 인조는 이곳에서 청에 대항하다가 결국에는 항복하게 되지요. 또 (가) 은 유네스코 세계 문화유산으로 등재되어 있습니다.

(1) 행주산성 (　　)　(2) 남한산성 (　　)　(3) 강화 참성단 (　　)

4주 5일 학습 끝!

붙임 딱지 붙여요.

카드 세계사

유럽, 베스트팔렌 조약을 맺다

헤라르트 테르 보르흐, 「뮌스터 조약 비준에 관한 서약」

조선이 청의 침략으로 고통받을 때 유럽에서는 기나긴 종교 전쟁이 있었어요. 개신교와 가톨릭교가 맞서며 벌인 이 전쟁은 유럽 대부분의 지역이 참여할 정도로 규모가 컸고, 30년 전쟁이라 불릴 정도로 오래 이어졌어요. 그 결과 종교 전쟁은 1648년 베스트팔렌 조약으로 마무리되었어요. 베스트팔렌 조약은 유럽 여러 나라의 영토를 인정하고, 종교의 자유를 인정하는 평화적인 국제 조약이었어요.

개신교 로마 가톨릭에서 떨어져 나와 성립된 종교 단체 또는 그 분파를 통틀어 이르는 말.

국제 조약 둘 이상의 나라가 맺는 약속.

정답 및 풀이

쪽수를 잘 보고 정확한 정답과
자세한 풀이를 만나 보세요.

PART 1 조선의 건국과 기틀 마련

01 조선은 누가 건국했나요?

반짝퀴즈 13, 15쪽

Q1. 사대부 Q2. 조선

1. 신진 사대부는 유교를 공부하여 유교 정치를 펼치려는 세력으로 조선 건국의 중심 역할을 했습니다.
2. 이성계는 위화도 회군으로 조선을 건국하였습니다. 이성계는 고려의 장수로 활약하다가 정도전 등과 힘을 모아 새로운 나라 조선을 세웠습니다.

역사쏙쏙 16~17쪽

1. ① 2. ④ 3. ②

1. 사진 속 인물은 태조 이성계입니다. 이성계는 고려의 장수 출신으로 고려 말 신흥 무인 세력의 중심이었고, 후에 조선을 건국하여 조선의 태조가 되었습니다.
2. 이성계가 왕의 명령을 어기고 위화도에서 개경으로 돌아온 사건을 '위화도 회군'이라고 합니다. 이성계는 위화도 회군으로 고려 왕실을 장악하고 훗날 조선을 건국하게 됩니다.
3. 이성계는 위화도 회군으로 고려 왕실을 장악했지만 바로 조선을 건국한 것은 아닙니다. 먼저 고려를 개혁하기 위해 '과전법'을 실시하는 등의 여러 가지 노력을 벌였습니다. ③ 정몽주를 만난 것은 이방원입니다.

02 조선의 도읍, 한양은 어떤 곳인가요?

반짝퀴즈 19, 21쪽

Q1. 한양 Q2. 정도전

1. 한양은 조선의 한가운데에 있고 한강이 있어서 교통이 편리하고 생활하기 좋은 곳이었습니다.
2. 정도전은 궁궐과 도성 사대문의 이름을 지을 때도 유교에서 중요하게 여기는 덕목을 넣어서 지었습니다.

역사쏙쏙 22~23쪽

1. ④ 2. ② 3. ①

1. 한양은 도읍이 되기에 좋은 조건을 가진 곳이었습니다. 한강을 끼고 있어서 물이 풍부하여 농사를 짓기 좋았고, 또 땅과 강으로 모두 이동할 수 있는 교통에 좋은 조건이었습니다.
2. 한양을 둘러싼 사대문의 이름에는 모두 유교에서 중요하게 여기는 덕목인 '인의예지신(仁義禮智信)'이 담겨 있습니다. 숙정문에도 정숙하다는 뜻이 있어 유교의 덕목에 해당합니다.
3. 경복궁에는 종묘와 사직(단)이 있습니다. 종묘는 선대 왕과 왕비의 제사를 지내는 곳이고, 사직(단)은 풍년을 기원하며 왕이 토지 신과 곡식 신에 제사를 지내던 곳입니다.

03 정도전과 이방원은 어떤 나라를 꿈꿨나요?

반짝퀴즈 25, 27쪽

Q1. 신하 Q2. 왕자의 난

1. 정도전은 늘 훌륭한 인물이 왕이 될 수는 없기 때문에 실력 있는 신하를 뽑아 나랏일을 맡기는 것이 좋다고 생각했습니다. 그래서 신하가 중심이 되는 나라가 되어야 한다고 주장했습니다.
2. 건국 초기 조선에는 두 차례 왕자의 난이 벌어집니다.

1차 왕자의 난에서 이방원은 정도전을 죽이고, 2차 왕자의 난도 이방원이 진압했습니다.

역사쏙쏙 28~29쪽

1. ①, ④ 2. (가), (다), (나), (라) 3. ③

1. 제시된 상황은 1차 왕자의 난입니다. 건국 후 아직 나라가 불안정했던 조선은 왕위를 두고 이방원이 1차 왕자의 난을 일으켰고, 이때 정도전이 이방원에 의해 목숨을 잃었습니다.
2. 1차 왕자의 난에서 이방원과 정도전이 맞서다 정도전이 죽고 조선 제2대 왕으로 정종이 왕위에 오릅니다. 하지만 다시 이성계의 넷째 아들 이방간이 2차 왕자의 난을 벌이고, 이방원은 이방간을 멀리 귀양 보낸 후 조선 제3대 왕인 태종이 됩니다.
3. 정도전의 호는 '삼봉'입니다. 조선 건국 공신인 정도전은 『조선경국전』이라는 책을 쓰기도 했습니다.

04 태종은 어떻게 왕권을 강하게 만들었나요?

반짝퀴즈 31, 33쪽

Q1. 사병제 Q2. 6조

1. 조선 초기 일부 관리들에게는 개인적으로 거느리는 군인이 있었습니다. 이들을 사병이라 부르는데 태종은 왕이 되고 나서 관리들이 사병을 거느리게 한 사병제를 없앴습니다.
2. 의정부는 나라의 중요한 일을 결정하던 기관이고, 의정부의 결정에 따라 6조에서 실행에 옮겼습니다. 하지만 태종은 의정부의 권한을 축소하고 직접 6조를 지휘하며 왕권을 강하게 만들었습니다.

역사쏙쏙 34~35쪽

1. (2) ○ (3) ○ 2. ③, ⑤ 3. (3) ○

1. 사진은 조선 시대 호패로 16세 이상 남자만 가지고 다니던 신분증입니다. (1) 모든 백성에게 호패가 주어진 것은 아니고, (4) 앞면에 이름과 태어난 연도를 표시했습니다.
2. 태종은 왕권 강화를 위해 공신을 제거하고, 의정부의 권한을 줄이고, 6조에서 직접 보고를 받으며 명령을 내렸습니다. ④ 조선 시대 이루어진 경연은 왕과 신하가 함께 모여 토론하는 것으로, 경연을 통해 왕이 신하의 의견을 받아들였으므로 태종이 원하는 왕권 강화에 도움이 된다고 할 수 없습니다.
3. 태종의 왕권 강화 정책에는 사병제 폐지, 호패법 실행, 6조 직계제 등을 꼽을 수 있습니다.

05 성균관은 무엇을 하던 곳인가요?

반짝퀴즈 37, 39쪽

Q1. 성균관 Q2. 관리

1. 성균관은 조선의 최고 교육 기관입니다.
2. 조선은 과거 시험을 통해 능력 있는 관리를 뽑았습니다. 과거 시험에는 문관을 뽑는 문과, 무관을 뽑는 무과, 통역관이나 의사, 관청 일을 돕는 관리를 뽑는 잡과가 있었습니다.

역사쏙쏙 40~41쪽

1. ① 2. ④ 3. ③

1. 그림은 서당의 모습입니다. 서당은 양반집 아이들이 처음으로 가는 학교 같은 곳으로 훈장님에게 『천자문』 등을 배웠습니다.
2. 조선의 과거 제도를 설명한 내용입니다. 과거 시험은 양인이라면 누구나 볼 수 있었지만 실제로는 양반들이 주로 보았습니다.
3. 그림과 글이 나타낸 것은 성균관입니다. 성균관은 교육 공간인 명륜관과 학생들의 생활 공간인 동재와 서재, 제사 공간인 대성전 등 부속 건물로 나뉩니다.

PART 2 조선의 문화와 과학의 발전

06 세종은 어떤 왕이었나요?

반짝퀴즈 45, 47쪽

Q1. 세종 Q2. 세금

1. 조선을 건국한 이성계는 조선의 첫 번째 왕 태조가 되었고, 태조의 아들인 정종과 태종이 각각 제2, 3대 왕이 되었습니다. 태종의 셋째 아들인 세종이 조선 제4대 왕이 되었습니다.
2. 세종은 백성들의 세금 걱정을 줄여 주기 위해 전분 6등법과 연분 9등법으로 세금 제도를 바꿨습니다.

역사 쏙쏙 48~49쪽

1. ② 2. ⑤ 3. ⑤

1. 왕자의 난으로 왕위에 오른 태종은 왕권 강화를 위해 호패법을 실시하고, 더 살기 좋은 조선을 만들기 위해 능력 있고, 총명하고, 성실한 셋째 아들을 세자로 삼습니다. 세자는 왕위에 올라 세종이 되었습니다.
2. 세종은 새로운 세금 제도를 만들기 위해 관리와 백성들의 의견을 모았습니다. 그렇게 만들어진 세금 제도는 전분 6등법과 연분 9등법입니다.
3. 전분 6등법을 실시한 왕은 세종입니다. 조선의 왕위는 보통 첫째 아들이 물려받았는데, 세종은 태종의 셋째 아들이었지만 왕위에 올라 백성을 위한 정치를 펼쳤습니다.

07 세종은 왜 훈민정음을 만들었나요?

반짝퀴즈 51, 53쪽

Q1. 발음 기관 Q2. 훈민정음

1. 훈민정음을 만든 사람은 세종입니다. 세종은 훈민정음을 만들기 위해 의원을 불러 발음 기관의 구조를 알아보는 등 오랜 연구 끝에 문자를 완성했습니다.
2. 한글의 처음 이름은 '훈민정음'입니다. 훈민정음은 백성을 가르치는 바른 소리라는 의미입니다.

역사 쏙쏙 54~55쪽

1. ⑤ 2. (1) × (2) × (3) × (4) ○ (5) ○ (6) ○
3. (1) ○

1. 조선의 일부 관리들은 훈민정음 창제에 반대했습니다. 최만리는 반대하는 상소를 올리기도 했습니다. 하지만 백성들이 편히 쓸 문자가 필요하다는 세종의 생각에는 변화가 없었습니다.
2. (1) 훈민정음을 만든 것은 세종입니다.
   (2) 언문은 훈민정음을 낮춰 부른 말입니다.
   (3) 하늘, 땅, 사람을 본떠서 만든 것은 모음입니다.
3. 제시된 설명은 『훈민정음해례본』에 대한 것입니다. 해례란 해석하고 예를 들었다는 뜻으로, 훈민정음의 사용법이 잘 설명된 책입니다.

08 집현전은 무엇을 하던 곳인가요?

반짝퀴즈 57, 59쪽

Q1. 집현전 Q2. 4군 6진

1. 학문에 관심이 많았던 세종은 전국의 인재를 집현전

에 모아 학문 연구를 하게 했습니다.
2. 세종은 국방에도 힘썼습니다. 국경선 근처에 있던 여진족을 몰아내고 그곳에 4군 6진을 설치하여 국방을 튼튼하게 만들었습니다.

역사쏙쏙 60~61쪽

1. ③ 2. ① 3. ②

1. 제시된 대화에서 말한 책은 『농사직설』입니다. 『농사직설』은 실제 농부의 경험을 담아서 농사짓는 백성에게 큰 도움이 되었습니다.
2. 이종무가 한 일은 쓰시마섬을 정벌한 것입니다. 당시 있었던 왜구의 잦은 침입을 막기 위해 쓰시마섬을 정벌하였습니다.
3. 집현전은 학문 연구 기관으로, 집현전 학사들의 연구 내용은 책으로 만들어지기도 했습니다.

09 앙부일구와 자격루는 누가 만들었나요?

반짝퀴즈 63, 65쪽

Q1. 혼천의 Q2. 장영실

1. 혼천의는 천문 관측기구입니다. 날씨와 계절의 변화는 농사에 많은 영향을 미치기 때문에 조선 시대에 천문 관측은 매우 중요한 일이었습니다.
2. 장영실은 노비 신분이었지만 능력이 뛰어나 앙부일구와 자격루를 만드는 큰 업적을 남겼습니다.

역사쏙쏙 66~67쪽

1. (1) ○ (2) ○ (3) ○ 2. ① 3. 자격루

1. 세종 때는 천문학, 과학 기술도 발전하여 혼천의, 측우기 등이 만들어졌습니다. (4) 『직지심체요절』은 고려 때의 문화유산입니다.
2. 중국의 역법에 의존했던 조선은 『칠정산』을 완성하면서 한양을 중심으로 한 역법 달력을 만들었습니다. 혼천의와 간의 같은 천문 관측기구를 만들어 별을 관찰하고, 중국의 역법 책을 우리 실정에 맞게 연구하여 완성한 것입니다.
3. 태양의 이동에 따라 시간을 알려 주는 해시계인 앙부일구에 이어 장영실은 물의 흐름을 이용한 시계 자격루를 만들었습니다. 이로써 조선은 흐리거나 비가 오는 날에도 시간을 알 수 있었습니다.

10 『경국대전』은 어떤 책인가요?

반짝퀴즈 69, 71쪽

Q1. 홍문관 Q2. 경국대전

1. 홍문관은 원래 책과 문서를 관리하던 기관이었습니다. 학문을 사랑한 성종은 홍문관을 활성화했습니다.
2. 『경국대전』은 조선 시대 법전으로 조선 통치의 기본이 되었습니다. 세조 때부터 만들기 시작한 이 법전은 성종 때 완성되었습니다.

역사쏙쏙 72~73쪽

1. ③ 2. (3) ○ 3. ③

1. 성종 최고의 업적은 『경국대전』 완성이라고 할 수 있습니다. 성종은 조선에 유교가 뿌리내리도록 노력하였습니다. 4군 6진 설치, 집현전 개편, 『훈민정음』 창제는 세종의 업적입니다.
2. 『경국대전』은 군사, 세금, 왕실 관리, 형벌 등 조선 통치에 대한 방대한 내용을 담고 있습니다. 『경국대전』에 따르면 출산한 노비에게는 출산 휴가가 있었고, 부모님이 편찮으시면 군대를 면제해 주는 제도도 있었습니다.
3. ㈎에 들어갈 책은 『경국대전』입니다. 이 책의 완성은 조선 통치의 기본이 완성되었다는 점에서 큰 의미가 있습니다.

PART 3 유교 전통과 신분 질서

11 조선은 왜 유교를 받들었나요?

반짝퀴즈 77, 79쪽

Q1. 유교 Q2. 사림

1. 조선을 건국한 세력은 불교를 멀리하며 유교를 알리는 데 노력했습니다. 서당과 향교, 성균관에서 유교 교육을 했고, 유학을 공부한 사람을 관리로 뽑았습니다.
2. 성리학은 이미 고려 시대에 들어왔는데, 조선에는 성리학을 공부하는 선비들이 많았습니다. 특히 조선 건국을 반대하며 지방에서 성리학을 공부하던 선비들은 유학 교육을 통해 사림 세력을 키웠습니다.

역사쏙쏙 80~81쪽

1. (3) ○ (4) ○ 2. ② 3. ②

1. 사림은 향촌에서 유학을 공부하며 유교를 보급하는 일을 했습니다. 향약을 통해 유교 질서를 세우고, 유향소에서 지방 관리를 감시하고 도우며 유교 질서가 이루어지도록 도왔습니다.
2. 향약은 향촌의 자치 규약으로, 향촌에 유교 질서를 세우는 데 큰 역할을 했습니다.
3. 서원은 사림이 유교 교육을 위해 세운 학교 같은 곳으로 양반 자제들이 유학을 공부한 곳입니다. 외국어 교육은 중인들이 주로 받았습니다.

12 삼강오륜과 관혼상제는 무엇인가요?

반짝퀴즈 83, 85쪽

Q1. 삼강오륜 Q2. 관혼상제

1. 삼강오륜은 왕과 신하, 부모와 자식, 남편과 아내 사이 등 유교적 질서를 가르치는 내용으로 유교의 기본 사상이 되었습니다.
2. 조선 사회는 관혼상제를 통해 구체적인 유교 예법을 실천했습니다. 어른이 되었을 때(관), 결혼할 때(혼), 장례를 치를 때(상), 제사를 지낼 때(제)마다 지켜야 하는 예법이 있었습니다.

역사쏙쏙 86~87쪽

1. (1) ② (2) ③ (3) ① (4) ④ 2. (1) × (2) × (3) ○ (4) ○ 3. 삼강행실도

1. 관례는 어른이 될 때 치르는 예법이고, 혼례는 결혼 예법, 상례는 사람이 죽었을 때 치르는 예법, 제례는 제사를 지낼 때 지키는 예법입니다.
2. 조선 시대에는 유교 예법을 지키는 것이 중요했습니다. (1) 제례는 돌아가신 날과 명절에 지냈습니다. (2) 남자는 15세, 여자는 14세부터 관례를 치를 수 있었습니다.
3. 『삼강행실도』는 백성에게 유교 사상을 가르치기 위해 만들어진 책으로 이해하기 쉽게 그림도 그려 넣었습니다.

13 양반과 상민은 어떤 차이가 있었나요?

반짝퀴즈 89, 91쪽

Q1. 양반 Q2. 초가집

1. 양반은 문반과 무반을 합쳐서 부른 말로, 조선 시대에 높은 신분의 사람을 뜻했습니다.
2. 높은 신분이었던 양반은 백성들과 사는 모습도 달랐

습니다. 양반은 넓고 반듯한 기와집에 살고, 일반 백성들은 농사를 짓고 나면 생기는 볏짚을 이어 지붕을 얹은 초가집에 살았습니다.

역사쏙쏙 92~93쪽

1. ③ 2. ㉢ 3. ⑤

1. 조선 시대의 신분 제도는 양인과 천인으로 나뉘는 양천제였습니다. 양인은 양반, 중인, 상민으로 구분했는데, 양반은 문반과 무반을 합쳐 부른 말입니다.
2. 양반의 집은 유교 사상에 따라 남자와 여자의 공간이 구분되었습니다. 남자 양반은 집 앞쪽에 있는 사랑채에서 글을 읽고 손님을 맞았습니다. 양반 여성의 공간은 집 안쪽에 위치한 안채로 바깥출입이 자유롭지 못했습니다.
3. 양반은 유학 공부에 집중한 신분이며, 외국어나 지리, 법률 지식이 많았던 사람은 중인이었습니다.

14 조선 시대 여성들은 어떻게 살았나요?

반짝퀴즈 95, 97쪽

Q1. 여성 Q2. 신사임당

1. 유교 사상의 기본이 되는 삼강오륜은 여성과 남성 사이에 상하 관계가 있어 여성이 남성을 섬겨야 한다고 했습니다. 따라서 여성의 지위는 점점 낮아졌습니다.
2. 신사임당은 조선 시대 대표적인 여성 화가로 주변에 있는 꽃과 벌레를 잘 표현하였습니다.

역사쏙쏙 98~99쪽

1. (3) ○ (4) ○ 2. ② 3. ⑤

1. 조선 전기만 해도 여성의 지위는 남성보다 크게 낮지 않았습니다. 그래서 고려 시대처럼 딸도 아들과 차별 없이 재산을 물려받고, 결혼 후에도 한동안 친정에 살기도 했습니다.
2. 조선에 유교 질서가 강화되면서 여성의 지위는 점점 낮아졌습니다. 아내는 남편을 섬겨야 해서 남편보다 낮은 지위의 사람으로 취급받았습니다.
3. 강릉 오죽헌은 신사임당이 이율곡을 낳고 키운 곳입니다. 신사임당은 훌륭한 유학자인 이율곡을 키운 어머니이자, 조선 시대를 대표하는 화가입니다.

15 조선 시대 사람들은 어떻게 여가를 즐겼나요?

반짝퀴즈 101, 103쪽

Q1. 두레 Q2. 승경도

1. 조선 시대에는 농사일을 서로 돕는 마을 공동체가 있었습니다. 농사일을 함께 하는 모임인 두레가 있었고, 서로의 농사일을 도와주는 품앗이가 있었습니다.
2. 승경도놀이는 양반들의 놀이로 놀이판에 관직 이름을 쓰고 말을 던져 최고 관직에 먼저 도착하면 이기게 됩니다. 이 놀이에는 관직에 오르고 싶은 양반들의 바람이 담겨 있습니다.

역사쏙쏙 104~105쪽

1. (1) ② (2) ① (3) ④ (4) ③ 2. (1) ⑤ (2) ④ (3) ③ (4) ① (5) ② 3. ④

1. 봄에는 진달래 꽃전, 여름에는 삼계탕, 가을에는 송편, 겨울에는 팥죽을 먹었습니다.
2. 고싸움은 여러 사람이 편을 나누어 힘으로 상대편 고를 먼저 땅에 닿게 하면 이기는 놀이입니다. 고누는 백성들이 땅이나 종이 위에 말판을 그려서 언제 어디에서 든 편히 즐긴 놀이입니다.
3. 조선 시대 사람들은 명절이면 다양한 민속놀이를 즐겼습니다. 안내문에서 설명하는 것은 볏짚으로 긴 줄을 만들어 즐기는 줄다리기 놀이에 대한 것입니다.

PART 4 임진왜란과 병자호란

16 임진왜란은 어떻게 일어났나요?

반짝퀴즈 109, 111쪽

Q1. 사대 Q2. 통신사

1. 조선은 명에는 사대 정책을, 여진이나 일본에는 교린 정책을 펼쳤습니다.
2. 통신사는 나라에서 보내는 외교 사절단입니다. 조선은 일본에 통신사를 파견해서 일본의 상황을 살폈습니다.

역사쏙쏙 112~113쪽

1. (1) 명 (2) 여진, 일본 2. ① 3. ⑤

1. 조선의 외교 정책은 사대교린이었습니다. 명에는 작은 나라가 큰 나라를 섬기는 사대 정책을 통해 조선을 안정적으로 지키고, 여진과 일본에는 강하게 혹은 부드럽게 대하며 안정된 외교 관계를 유지했습니다.
2. 조선은 일본의 상황을 살피기 위해 통신사를 보냈지만 일본의 상황을 제대로 판단하지 못했습니다. 결국 1592년 임진왜란이 일어났습니다.
3. 임진왜란은 도요토미 히데요시가 일본을 통일한 후 일본 내에서 일어나는 갈등을 해결하기 위해 일으킨 전쟁이기도 합니다.

17 이순신은 어떻게 일본군을 물리쳤나요?

반짝퀴즈 115, 117쪽

Q1. 선조 Q2. 이순신

1. 임진왜란 당시 조선의 왕은 선조였습니다. 선조는 빠르게 한양으로 올라오는 일본군을 피해 의주로 피란을 갔습니다.
2. 이순신은 일본군이 쳐들어올 것을 대비하여 미리 전쟁 준비를 해 두었습니다.

역사쏙쏙 118~119쪽

1. ① 2. (1) ○ (3) ○ 3. ⑤

1. 제시된 사진은 거북선입니다. 거북선은 이순신이 전쟁을 대비하여 판옥선을 보완하여 만든 것으로 세종의 지시로 만들어진 것은 아닙니다.
2. 이순신이 거둔 승리는 단순히 조선의 바다를 지킨 것이 아니라 조선 땅으로 들어오는 일본군을 막아 일본군의 힘을 약하게 만들었다는 것, 힘없이 무너지던 상황에서 승리를 거둬 전체 백성들에게 이겨 낼 수 있다는 희망과 자신감을 주었다는 의미가 있습니다.
3. 학익진은 학의 날개 모양으로 배를 배치하여 적을 공격하는 작전으로 한산도 대첩에서 쓰였습니다.

18 조선은 임진왜란을 어떻게 극복했나요?

반짝퀴즈 121, 123쪽

Q1. 의병 Q2. 도공

1. 임진왜란 때 정식 군인이 아닌 의병은 나라를 구하기 위해 농기구 등을 들고나와 적과 싸웠습니다.
2. 도공은 도자기 만드는 기술자입니다. 조선의 학문과 문화를 배우고 싶어 했던 일본은 임진왜란 때 조선의 유학자와 도공을 끌고 가 일본의 문화 발전에 도움을 받았습니다.

역사 쏙쏙 124~125쪽

1. ① 2. (1) ○ (3) ○ 3. ㉣

1. 임진왜란은 일본과 명의 강화 회담으로 끝나는 듯했습니다. 그러나 일본과 명의 회담이 제대로 이루어지지 않아 일본이 다시 정유재란을 일으켜 다시 긴 전쟁을 하게 되었습니다.
2. 임진왜란으로 많은 사람이 목숨을 잃고, 농지가 줄었으며, 문화재가 불타 없어졌습니다. 『조선왕조실록』도 불탔지만 전국 4곳의 사고 중 3곳이 불타고 한 곳이 보존되어 오늘날까지 전해지고 있습니다.
3. 김시민과 곽재우가 힘을 모아 큰 승리를 거둔 것은 진주 대첩이었습니다. 조선은 일본을 물리치기 위해 곳곳에서 의병이 일어났고, 진주 대첩처럼 의병과 관군이 힘을 모아 일본을 물리치기도 했습니다.

19 광해군은 왜 중립 외교를 펼쳤나요?

반짝퀴즈 127, 129쪽

Q1. 대동법 Q2. 중립

1. 대동법은 모든 세금을 쌀로 내는 제도로, 특산물을 세금으로 낼 때 생기는 가난한 백성들의 부담을 덜어 주었습니다.
2. 광해군의 중립 외교는 명과 후금 사이에서 어느 나라 편도 들지 않고 중립을 지키는 것이었습니다. 이로 인해 조선은 전쟁을 피할 수 있었습니다.

역사 쏙쏙 130~131쪽

1. ③ 2. ④ 3. (4) ○

1. 명과 후금이 전쟁을 할 때 조선은 명의 요청으로 명에 군대를 보냅니다. 하지만 광해군은 적당한 때 후금에게 항복하여 전쟁할 뜻이 없음을 알리라고 했습니다. 두 나라 사이에서 누구 편도 들지 않는 중립 외교를 펼쳐 조선이 중국에 공격받지 않게 한 것입니다.
2. 『동의보감』은 허준이 쓴 조선 시대 의학 책입니다. ④ 조선 시대 왕과 관련된 역사적인 사실이 기록된 책은 『조선왕조실록』입니다.
3. 광해군의 대표적인 업적은 대동법 실시와 중립 외교를 들 수 있습니다. 과전법을 실시한 왕은 태조이고, 호패법을 실시한 왕은 태종이며, 4군 6진을 개척한 왕은 세종입니다.

20 병자호란은 왜 일어났나요?

반짝퀴즈 133, 135쪽

Q1. 정묘호란 Q2 북벌

1. 광해군의 중립 외교로 후금과 잘 지내던 조선은 인조반정으로 광해군이 물러나고 인조가 왕이 되면서 다시 후금을 멀리했습니다. 후금은 명과의 전쟁을 위해 조선을 먼저 공격한 정묘호란을 일으켰습니다.
2. 병자호란으로 청에게 호되게 당한 조선은 효종이 왕위에 오른 후 북벌 정책을 주장하면서 자존심을 회복하려고 했습니다. 하지만 효종이 갑자기 죽고, 오랜 전쟁으로 지친 나머지 북벌론은 실행되지 못했습니다.

역사 쏙쏙 136~137쪽

1. (1) ② (2) ① 2. ⑤ 3. (2) ○

1. 조선은 정묘호란 후 다시 병자호란을 겪습니다. 병자호란은 조선 왕이 삼전도로 나가 청의 황제에게 절하는 삼전도의 굴욕으로 마무리되었습니다.
2. 지도는 정묘호란과 병자호란의 모습입니다. 이 전쟁으로 조선 백성은 큰 고통을 겪었습니다. 병자호란 때 왕이 피란 간 곳은 남한산성이었습니다.
3. 청의 군대를 피해 인조가 피란 간 곳은 남한산성이었습니다. 청의 군대는 남한산성을 둘러싸고 항복할 것을 요구했습니다.

와우~
4권을 모두 끝냈네요!
5권에서 다시 만나요!